아직 끝나지 않은 이야기

아직 끝나지 않은 이야기

이주여성의 귀환 이후,
한국 사회가 답하지 못한 것들

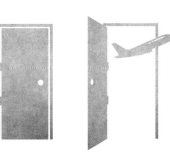

한국이주여성인권센터 엮음

오월의봄

귀환이주여성,
아직 끝나지 않은 이야기

| 허오영숙, 한국이주여성인권센터 상임대표 |

귀환이주여성, 익숙하지 않은 말입니다. 이주여성 현장에서는 종종 쓰였습니다. 결혼이나 돈을 벌기 위해 한국에 왔다가 자발적, 혹은 비자발적으로 본국에 돌아간 이주여성들이 존재했기 때문입니다. 그 수가 얼마나 되는지는 별도의 통계가 없어 확인할 수 없습니다. 다만 전국의 이주여성쉼터에서 귀국을 지원한 사례는 2015년 56건, 2016년 47건, 2017년 78건, 2018년 79건, 2019년 77건이었습니다. 적어도 1년에 50명에서 80명 정도의 이주여성은 폭력 피해를 경험하고 본국으로 돌아갔다는 뜻입니다.

비자발적 귀환이주여성이 발생하는 제도적인 이유는 자녀 없이 이혼할 경우 합법적인 체류자격 유지가 어렵기 때문입니다. 자녀가 없는 상태로 한국인과 이혼하는 외국인 배우자는 이혼에 대한 귀책사유가 없음을 법적으로 증명하지 못하면 체류 자격이 연장되지 않습니다. 체류제도가 이렇다 보니 한국인과 결혼하여 합법적인 결혼비자로 입국했다가도 이혼과 함께 미등록체류가 되는 외국인이 1년에 1,000명 가까이 됩니다.

　본국으로 돌아간 귀환이주여성들이 어떠한 상황에서 귀국을 선택했는지, 귀국 뒤 어떻게 본국 사회에 재통합되고 있는지에 대해 알려진 바는 거의 없습니다. 연세대학교 문화인류학과 김현미 교수의 연구에 따르면, 결혼으로 한국에 이주했다가 귀환한 이주여성들은 귀환 이후에도 한국인 남편과의 법적 관계를 청산하고 모국에서 삭제된 자신의 법적 신분을 새롭게 획득해야 하는 지난한 재정착의 과정을 겪어야 합니다. 또한 결혼해서 이주한 나라에서 잘 살지 못하고 돌아왔다는 식의 차가운 시선 때문에, 한국에서의 경험으로 남은 상흔에 한 번 더 깊은 상처를 받기도 합니다. (김현미, 〈결혼이주여성들의 귀환 결정과 귀환 경험〉, 《젠더와문화》 제5권 2호, 계명대학교 여성학연구소, 2012)

　한국이주여성인권센터는 2000년대 중반부터 한국 남성과의 국제결혼이 많은 아시아 여성들의 송출국에 대한 현지조사를 진행해왔습니다. 그 조사 과정에서 2006년~2007년 즈음부터 귀환이주여성의 존재를 인지해왔습니다. 당시 조사의 목적이 귀환이주여성이 아니었음에도 어렵지 않게 귀환이주여성들과 연결되곤 했기 때문입니다. 귀환이주여성들이 한국으로 다시 올 수 없는 상황에서 생긴 법적 문제를 처리하지 못하는 경우에는 저희가 지원하기도 했습니다. 그때부터 지금까지 저희가 경험한 대다수의 귀환이주여성 사례는 한국 사회가 '쫓아낸'

경우입니다.

한국이주여성인권센터는 귀환이주여성들의 목소리를 제대로 듣고 싶었습니다. 2019년 한 해 동안 필리핀, 몽골, 태국으로 가서 귀환이주여성들을 직접 만나 이야기를 들었습니다. 한국에서의 지원이 필요한 경우에는 돌아와서도 후속 상담을 이어가고 있습니다. 현지에서 만난 귀환이주여성 중에는 떠밀린 사연이 대부분이었지만 매우 드물게 미리부터 계획한 자발적 귀환도 있었습니다.

한국이주여성인권센터는 귀환이주여성의 경험을 알리고, 현장에서의 지원이 어떻게 이루어지며 어떤 문제나 한계에 부딪히는지 공유하고 싶었습니다. 이를 통해 현재의 체류제도로는 계속해서 늘어날 수밖에 없는 비자발적 귀환이주여성이 겪는 문제에 대해 한국 사회가 어떻게 응답할 수 있을지 모색하고 싶었습니다. 조사팀이 현지조사에 대한 결과보고서 작성만으로 마무리하지 않고 기사 연재, 그리고 단행본 출간까지 하게 된 이유입니다.

이 책은 2020년 한국언론진흥재단 언론진흥기금의 지원으로 여성주의 저널 《일다》에 연재했던 기획기사에서 시작되었습니다. 이 자리를 빌어 지면을 허락해주신 여성주의 저널 《일다》에 감사드립니다. 아울러 귀환이주여성 실태조사가 가능하도록 지원해주신 아름다운재단에 감사드리며, 조사의 방향에 도움을 주신 김영희, 김현미, 문현아, 조이여울 선생님께 감사드립니다. 송출국 현지조사에 동행하여 통역을 맡아주신 니감시리 스리준, 나랑토야, 박세실 선생님께 특별히 감사드립니다. 현지조사 일정을 함께하고 귀환이주여성들의 경험을 잘 정리해준 김혜정, 이채희, 위라겸, 한가은, 한국염 선생님, 그리고 연구가 거의 이뤄지지 않았던 귀환이주여성 문제의 초기 연구를 개척해주신 김현미 선생님께 진심으로 감사드립니다.

차례

2부. 안전한 이주, 안전한 귀환을 위한 연대

그들은 왜 다시
떠났을까

글 | 허오영숙, 한국이주여성인권센터 상임대표

일러두기

• 이 책은 한국언론진흥재단 언론진흥기금 지원으로 페미니스트 저널《일다》에 연재한
'귀환이주여성을 만나다' 기획 시리즈를 수정·보완해 책으로 엮은 것이다.
• 본문에서 인터뷰이, 사례자로 등장하는 이름은 모두 가명이다.

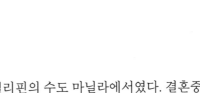

리타 씨를 처음 만난 건 필리핀의 수도 마닐라에서였다. 결혼중 개업체를 통해 한국 남성과 결혼했던 리타 씨는 일상적으로 남편의 폭력에 시달렸다. 남편은 때리고 나서 강간을 하곤 했다. 그녀는 탈출하듯 필리핀 친정으로 도망쳤다.

리타 씨는 필리핀 법원에서 남편을 상대로 폭력에 대한 소송을 진행하고, 승소했다. 필리핀 법원은 리타 씨의 한국인 남편이 필리핀에 입국할 경우 곧장 체포해 처벌하도록 판결을 내렸다. 물론 남편은 필리핀에 오지 않았고, 따라서 처벌을 받지도 않았다. 리타 씨는 남편이 한국에서 처벌받기를 원했다. 우리 조사팀을 만나기 위해 마닐라까지 먼 길을 달려온 이유였다.

그러나 한국에서 가정폭력과 부부강간에 대한 소송을 제기하기는 불가능했다. 리타 씨가 기억하는 남편의 정보는 영문

이름밖에 없었기 때문이다. 남편의 한글 이름을 정확히 알지 못했고 한국에서 살던 집 주소도 기억하지 못했다. 남편을 특정할 수 없으니 처벌은 고사하고 연락조차 할 수 없었다.

당시 한국이주여성인권센터 조사팀은 한국으로 오는 결혼이주여성들의 현지 상황을 파악하기 위해 필리핀에 갔던 참이었다. 한국인 남편과 결혼하여 곧 한국으로 갈 여성들을 위한 정보 제공 프로그램을 참관하던 날, 필리핀으로 되돌아온 결혼이주여성을 만나게 될 줄은 예상하지 못했다. 한국에 있는 이주여성쉼터에 머물던 이주여성들 중에서 본국으로 돌아갈 수밖에 없는 사정에 처한 사례를 종종 들어왔지만, 리타 씨를 직접 만나고 비로소 귀환이주여성의 존재를 체감하게 된 것이다. 지금으로부터 10년도 더 전의 일이다.

한국 사회가 '쫓아낸' 여성들

리타 씨를 만난 후로도 아시아의 이주 송출국에 갈 때마다 한국에서 돌아왔다는 여성들의 이야기를 마주하곤 했다. 우리의 조사 목적과 상관없이 송출국에는 늘 귀환이주여성이 있었다. 이 책에서 '귀환이주여성'이란 한국 남성과 결혼하거나 돈을 벌기 위해 한국에 왔다가 여러 사정으로 본국으로 되돌아간 여성들을 칭하는 용어로 쓰고자 한다. 오랜 숙제처럼 남아 있던 귀환이주여성들의 이야기를 본격적으로 들어보자고 계획한 것은 전주에서 발생한 한 베트남 여성의 사건이 계기였다.

사건을 처음 접한 것은 2013년 여름이었다. 남편의 계부에 의한 성폭력 사건이었다. 그것만으로도 충격적이지만, 그 안의 내용은 더 복잡했다. 이 사건의 피해자는 베트남 소수민족 출신의 여성으로, 그녀는 베트남에서 열네 살 때 납치혼을 당해 출산을 하고 고향을 떠나 살고 있었다. 성인이 되어 한국 남성과 결혼했는데, 그 후 남편의 계부로부터 성폭력을 당했다. 성폭력을 피해서 쉼터에 입소했지만 남편은 오히려 혼인무효 소송을 걸었다. 베트남에서 있었던 납치혼 당시의 출산 경험을 말하지 않았다는 이유였다. 두 차례나 대법원에 상고했으나 결국 혼인무효가 확정되어 여성은 한국을 떠날 수밖에 없었다.

'전주 사건' 재판 결과가 보여준 귀환의 현실

사실 이주여성들의 현장에서 일어나는 일들은 그 특징이나 개요를 한마디로 요약하기 어려운 경우가 많다. 이 사례 또한 일어난 일만 설명하기도 복잡했고, 복잡한 만큼 이름을 붙이기도 너무 어려웠다. 그래서 이 여성을 지원하는 활동가들은 이 사건을 그냥 '전주 사건'이라고 불렀다.

우리는 전주 사건에 대해 전국적으로 힘을 모아 대응하기로 결의했고, 이후 많은 일들을 진행했다. 당사자에 대한 직접 지원, 공동 변호인단 구성, 전국적인 지지모임 조직, 법정에 증거로 제출할 여성의 베트남 현지 고향마을 영상 촬영, 전주지방법원 앞 기자회견, 1인 시위, 매회 변론 기일마다 집단방청, 관련 토론회 개최, 탄원서 제출 등의 활동이 이어졌다. 베트남 현지 고향마을의 영상을 촬영했던 영상감독이 재판에 증인으로 출석하기도 하는 등 여러 지원활동에 많은 사람이 참여했다. 기막히고 안타까운 상황에 놓인 베트남 여성을 응원하는 다양한 사람들의 참여로 전국 각지에서 모인 2,500여 장의 탄원서는 판사의 얼굴을 가릴 만큼 재판부 책상 위에 높이 쌓였다.

그럼에도 불구하고 당사자는 결국 한국을 떠나야 했다. 대법원 상고심에서 '단순 출산 사실 미고지를 이유로 혼인 취소 판결을 내려서는 곤란하다'는 판례를 이끌어낸 기쁨도 잠시, 파기 환송심에서 패배했고, 대법원에서 최종 기각되었기 때문이다. 혼인 취소 판결의 확정으로 그녀는 결혼비자가 유지되기 어려운 조건이 되었고, 결국 베트남으로 돌아가는 것을 '선택'했다. 몇 년이나 계속된 재판으로 심신이 피폐해진 그녀는 또다시 재판을 진행하며 체류 문제를 다퉈야 하는 것을 견디기 힘들어했다. 지원팀은 당사자의 의견을 존중했고 2017년 6월 22일, 단출한 배웅 속에 그녀는 베트남으로 출국했다.

당시 이 사건을 지원했던 나는 그날 이후로 늘 그녀가 마음에 걸렸다. 베트남에서도, 한국에서도 성폭력을 경험한 이 여성은 결혼비자의 체류조건을 충족하지 않는다는 이유로 '내쳐졌다'. 혼인 취소라는 법적 징벌을 받고서. 한국 사회는 정말 이 여성이 겪은 일들에 어떤 책임도 없을까? 결혼이주여성들을 위한 한국어 교실을 운영하고, 다국어 정보를 제공하는 것으로 책임을 다하는 것일까? 한국 남성과의 결혼으로 한국에 왔다가 본국으로 돌아간 여성들은 과연 얼마나 될까? 여성들은 어떤 사정으로 귀환하게 되었을까?

한국 남성과 이룬 가정을 유지하지 않는, 유지할 수 없는 이주여성들을 우리 사회가 제도적으로 다시 돌아가게 만들고 있다는 점을 짚고 싶었다. 한국이주여성인권센터는 '귀환이주여성' 프로젝트에 착수했다. 귀환이주여성들의 상황을 기초적인 수준에서라도 파악하기 위해서였다.

결혼비자의 체류조건

귀환이주여성이 왜 생겨나는지 그 제도적 맥락을 살펴보자. 우선 한국 남성과 외국 여성 사이의 결혼은 2000년대 이후 급증해 2006년부터 감소 추세를 보이다 최근 다시 증가하는 상황이다. 한국 남성과 외국 여성 사이의 결혼에는 상업적 국제결혼 중개업 같은 인위적 요인이 작동한다. 특히 한국 남성과 아시아계 여성 국제결혼의 중요한 특징은 '남성혈통 중심의 가부장적 가족체계 유지'다. 이러한 특징은 결혼이주여성에 대한 체류·귀화 정책에서 잘 드러난다. 한국 국적의 자녀를 출산하고 양육하는지에 따라 한국에서의 안정적인 체류와 귀화 과정의 진행 여부가 결정되기 때문이다.

한국인과 결혼한 외국인은 결혼이민으로 분류되는 F-6비자를 발급받는다. 1회에 부여받을 수 있는 체류기간은 최대 3년이지만 무조건 3년을 부여받지는 않는다. 한국인 자녀를 출

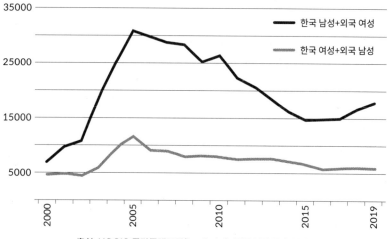

2000년 이후 한국인과 외국인 혼인 추이 (단위: 건)

출처: KOSIS 국가통계포털(kosis.kr), '외국인과의 혼인'에서 재구성.

산·양육하며 한국인 배우자와 결혼생활을 유지하는 경우에만 최대 3년의 체류기간을 부여받을 수 있다.

표에서 보이는 것처럼 법무부는 결혼이주민의 혼인 상태에 따라 결혼이민비자인 F-6비자를 세 가지로 세분화하여 관리한다. 개인의 혼인 상태에 따라 세분화된 관리를 한다는 것 자체가 사생활과 인권을 침해할 소지가 있는 것은 물론이고, 이러한 기준에 따라 한국인 배우자와의 이혼으로 자녀 없이 혼자 된 이주여성은 국내 체류가 쉽지 않다. 이혼의 귀책사유가 자신에게 있지 않다는 것을 법적으로 입증해야만 국내 체류가 가능하기 때문이다. 법적 증명 방법은 재판이혼을 하는 것이다.

한국여성정책연구원 김이선 박사팀의 연구보고서(김이선 외, 〈다문화가족의 해체 문제와 정책 과제〉, 한국여성정책연구원,

외국인 체류자격 세부 약호

약호	분류 기준
F-6-1	양 당사자 국가에 혼인이 유효하게 성립되어 있고, 우리 국민과 결혼생활을 지속하기 위해 국내 체류를 하고자 하는 외국인
F-6-2	'F-6-1'에 해당하지 않으나 국민과 혼인관계(사실상의 혼인관계를 포함)에서 출생한 미성년 자녀를 국내에서 양육하거나 양육하려는 부 또는 모
F-6-3	국민인 배우자와 혼인한 상태로 국내에 체류하던 중 그 배우자의 사망·실종, 그 밖에 자신에게 책임이 없는 사유로 정상적인 혼인관계를 유지할 수 없는 사람

출처: 〈외국인 체류 안내 매뉴얼〉, 법무부 출입국·외국인정책본부. 2021. 05.

이혼 종류별 비중 비교(2019년)

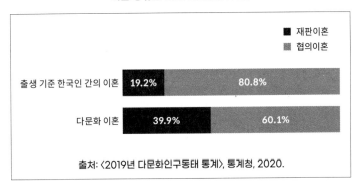

출처: 〈2019년 다문화인구동태 통계〉, 통계청, 2020.

2010)를 보아도 이혼한 결혼이주여성은 '한국인 배우자에게 혼인 해소 귀책사유'가 있다는 사실이 판결문에 명시된 경우에 한해서만 합법적인 체류자격을 얻을 수 있다. 따라서 결혼이주여성이 한국 체류와 이혼을 동시에 원할 경우, 협의가 가능하더라도 반드시 재판이혼을 해야 한다. 국제결혼 부부의 이혼에서 재판이혼이 급증하는 것은 체류자격 확보에 기인하는 것으로 풀

이되고 있으며 최근 통계에서도 이러한 현실이 드러난다.

하지만 어떻게 해야 하는지 몰라서, 또는 재판이혼의 결과로 체류자격이 연장되지 않는 경우가 있고, 그 경우 결혼이주민은 본국으로 돌아가거나 미등록체류 신분으로 남아야 한다. 법무부 출입국·외국인정책본부의 통계에 따르면 한국인과 결혼해 입국했다가 미등록체류가 되는 사람은 2016년 1,433명, 2017년 1,334명, 2018년 1,161명, 2019년 923명인 것으로 나타났다.

한국 사회는
어떻게 응답할 것인가

결혼비자로 국내에 체류하던 사람들 중 합법적인 체류연장이 불가능해진 경우는 연간 약 1,000여 명이다. 이 중 여성의 비중이 얼마나 되는지는 별도의 통계가 없어 확인할 수 없다. 다만 전국의 이주여성쉼터에서 귀국을 지원한 사례는 2015년 56건, 2016년 47건, 2017년 78건, 2018년 79건, 2019년 77건이었다. 적어도 1년에 56명에서 79명의 이주여성이 폭력 등 피해를 당하고서 원치 않게 본국으로 돌아갔다.

결혼으로 한국에 온 이주여성들이 다시 이 나라를 떠나는 이유는 기본적으로 제도에 있다. 한국인과의 혼인관계에서 출산한 자녀가 없이 이혼할 경우, 귀책사유 없음을 법적으로 증명하지 못하면 체류자격이 주어지지 않는다. 자녀가 있더라도 한

부모가 된 이주여성 역시, 양육을 지원하는 네트워크가 없는 한국에서 아이를 양육하기가 녹록하지 않아 본국 귀환을 '선택' 할 가능성이 높다. 결론적으로 결혼이주여성들이 이혼하게 되면 자신의 의지와 상관없이 본국으로 돌아갈 수밖에 없는 제도적·구조적 환경에 놓이는 것이다.

한국이주여성인권센터 프로젝트팀은 필리핀, 몽골, 태국으로 가서 귀환이주여성들을 직접 만났다. 그리고 그들의 생생한 목소리를 들었다. 한국 사회에서 아직 낯설게 느껴질지 모르지만 이 책을 통해 귀환이주여성들의 목소리가 드러나길 바란다. 현재 체류제도로는 계속해서 늘어날 수밖에 없는 귀환이주여성들의 이야기에 어떻게 응답할 것인지 사회적으로 모색하는 계기가 되길 희망한다.

돌아간 여성들의 이야기

한국 이민 정책의
역사가 담긴
레이첼 씨의 가방

글 | 위라겸, 전남여성가족재단 정책연구팀 연구원

처음 귀환이주여성을 현지에서 만나 조사하기로 결정한 이후 조사팀이 걱정했던 것 중 하나는 '과연 인터뷰에 응할 여성을 찾을 수 있을까' 하는 점이었다. 국내 이주여성 상담소나 쉼터에서 여성들의 귀환을 지원한 사례가 있으니 쉽사리 연락이 닿지 않겠느냐는 기대도 있었지만, 귀환 이후에도 연락이 지속되는 경우는 많지 않았다. 실제로 인터뷰이들을 찾는 과정에서 귀환이주여성과 연락이 닿아도 시간을 맞출 수 없어서, 또는 인터뷰 장소까지 올 돈이 없어서 등 다양한 이유로 인터뷰가 성사되지 못했다. 그러던 와중에 SNS 등 이주여성 커뮤니티를 통해 홍보하기 시작하자 순식간에 많은 지원자가 나타났다. 조사팀은 오히려 인터뷰 참여자를 정하느라 고심했다.

인터뷰를 진행하면서는 또 다른 문제에 맞닥뜨렸다. 우리는 우선 현지 여성들의 상황을 파악하기 위해 인터뷰를 진행했지만, 인터뷰 참여자들은 단지 자신들의 이야기를 들려주기 위해 우리를 만나러 온 게 아니었다. 여성들은 자신의 문제를 해결할 방법을 찾고자 찾아온 것이었다. 이미 대사관, 변호사, 한국에 있는 지인에 이르기까지 여러 사람을 만나 부탁하거나 사정을 알아보는 등 백방으로 노력해온 이들도 있었다.

필리핀에서 만난 레이첼 씨도 그러한 여성들 중 한 사람이었다. 인터뷰 장소에 나온 그녀의 가방에는 서류가 한가득이었다. 그동안 한국에 가기 위해, 둘째 아이의 출생등록을 정정하기 위해, 그리고 남편과 사별 후 상속 문제를 해결하기 위해 모아온 서류들이었다. 20년 넘게 이어진 그녀의 이주 경험 속에는 한국의 이민 정책과 국제결혼 정책의 역사, 그리고 아시아 여성의 노동과 결혼을 통한 이주의 역사가 서류 뭉치의 두께만큼 켜켜이 쌓여 있었다.

많은 사람들이 귀환이주여성의 삶을 단편적으로 상상한다. 1) 한국 남성과 결혼해서 한국에 갔다, 2) 한국에서 살다가 무언가 문제가 생겨 본국에 돌아오게 되었다, 3) 그런데 아직 해결되지 않은 문제, 즉 한국 정부와 사회가 지원해야 할 문제가 남아 있다. 그러나 실제 귀환이주여성들의 삶은 이렇게 단순하게 정리되지 않는다. 이주와 귀환, 또다시 이주, 그리고 그 사이사이에서 발생하는 문제들을 이해하기 위해 레이첼 씨의 삶 속으로 들어가보자.

첫 '합법 외국인근로자'인
산업연수생으로 한국에 오다

레이첼 씨는 1994년 봄 처음 한국 땅을 밟았다. 당시 스물한 살이었다. 그 나이에 여자 혼자서 외국에 일하러 가겠다는 것은 쉽지 않은 결정이었다. 하지만 집에 "돈이 진짜 없었기 때문에" 선택의 여지가 없었다. 언니들은 일찍 결혼해 아이를 키우고 있었고, 동생들은 학교에 다니고 있었다. 집안에서 돈 벌 사람은 그녀뿐이었다.

한국에 도착한 레이첼 씨가 일하러 간 곳은 필리핀에서 다니던 기업의 공장이었다. 필리핀에도 있고 한국에도 있는 회사, 이른바 해외투자기업이었다. 1994년은 외국인이 해외투자기업 산업연수생이라는 지위를 통해 처음으로 한국에 합법적으로 일하러 올 수 있게 된 해였다.

하지만 한국에서 이들은 '산업연수생'이지 '근로자', 노동자가 아니었다. 실제로는 노동자와 다를 바 없이 일하지만 한국 기업에 '연수'받으러 온 신분이기 때문에 노동자로 대우하지 않아도 되는 외국인. 그래서 법에서 정한 노동시간도, 최저임금도, 산업재해보상도 적용되지 않는, 말 그대로 무법 지대에 놓인 사람들이었다.

당시 언론에서는 산업연수생에 대한 비인간적인 처우가 시시때때로 보도되었다. 노동자가 조금이라도 처우가 나은 일자리를 찾아가는 것은 말 그대로 권리이며 또한 이주노동자들에게는 생존을 위한, 한국에 온 목적을 이루기 위한 당연한 선택이다. 그러나 산업연수생에게는 사업장을 선택할 자유가 없었다. 최초의 사업장에서 벗어나는 순간 이들은 미등록 외국인 노동자, 소위 '불법체류자'가 되었다. 레이첼 씨는 이 같은 이유로 '불법체류자'가 되었다.

1998년 레이첼 씨는 임신한 상태로 필리핀에 돌아왔다. 미등록체류 상태로 한국에서 아이를 낳고 키울 방법이 없었기 때문이다. 아이 아버지는 한국에서 만난 필리핀 사람이었는데, 그는 자녀를 책임질 생각이 없이 떠나버렸다.

4년 넘게 한국에서 일하고 돌아왔지만 필리핀에서의 삶은 그다지 나아진 게 없었다. 가족들은 여전히 지난 4년 동안 그러했듯 그녀에게 돈 벌 방법이 있을 거라고, 그녀가 해외에 나가서 돈을 벌어올 거라고 기대했다. 게다가 레이첼 씨는 이제 자신의 아이도 키워야 했다. 하지만 필리핀에는 마땅한 일자리가 없었다. 그런 일자리가 있었다면 애초에 한국에 가지도 않았을 것이다.

'불법 사람'이 되어
살아간다는 것

1994년 처음 한국에 갈 때와 마찬가지 이유로, 이제는 자녀 양육 부담까지 안은 채 그녀는 다시 한국행을 선택했다. 하지만 이번에는 합법적으로 한국에 갈 방법이 없었다. 2년 넘게 미등록 상태로 체류한 전력 때문이었다. 레이첼 씨가 찾은 방법은 그레이스라는 사촌의 신분으로 위장하는 것이었다. 2000년인지 2001년인지 기억도 가물가물한데, 두 번째 한국행에서 레이첼 씨는 그레이스라는 이름으로 된 여권과 관광비자를 들고 한국에 왔다. 부모님과 동생, 그리고 아이를 먹여 살리기 위해서.

그렇게 한국에 온 지 2년이 지났다. 하지만 돈을 벌어서 필리핀에 있는 가족에게 보내야 하는 상황은 변함이 없었다. 더구나 사촌의 신분으로 한국에 왔기 때문에, 이번에 돌아가게 된다면 다시는 한국에 올 수 없을 터였다. 유일한 선택지는 그레이스가 아니라는 사실을 발각당하지 않고 한국에서 계속 일하는 것뿐이었다.

사정이 이러하니 둘째 아이를 임신했을 때는 필리핀에 가지 않기로 했다. 또다시 다른 사람의 이름으로, 혹은 다른 방법을 찾아 한국에 올 수 있을 거라고 확신할 수 없었다. 둘째 아이의 아버지도 필리핀 사람이었다. 그 역시 아버지 노릇을 할 생각이 없었다. 설사 그럴 생각이 있었다 하더라도 한국에서 '불법 사람끼리 불법 아이를 낳고 살아가는 것'이 얼마나 힘들지는 불 보듯 뻔했다.

둘째 아이는 태어난 지 한 달 만에 필리핀에 보냈는데, 그전에 필리핀 대사관에 출생신고를 하는 과정도 쉽지 않았다. 레이첼이 아니라 그레이스로 살고 있었기 때문에 둘째 아이의 어머니도 그레이스가 될 수밖에 없었다. 두 아이는 친정에서 돌봐주었다. 책임져야 하는 사람이 1명 더 늘었기에 레이첼 씨는 더 열심히 일했고 강제추방되지 않도록 늘 신경 쓰며 살았다. 필리핀에 돌아온 후 이 문제를 해결하려고 했지만, 서류작업 대행과 같은 일에 드는 비용을 마련하지 못해 아직도 둘째 아이는 그레이스의 아이로 남아 있다. 아이도 이 사실을 알고 가끔 따지곤 한다. 레이첼 씨가 한국에 다시 가려고 하는 데는 대행 비용을 들이지 않고 직접 한국의 필리핀 대사관에 찾아가 아이의 출생 등록을 정정하려는 이유도 있다.

'합법' 결혼이주자가 되다

둘째를 필리핀에 보내고 5년이 지나서야 레이첼 씨는 필리핀에 돌아왔다. 그렇지만 완전히 돌아온 것은 아니었다. 오히려 다시 떠나기 위해 필리핀에 왔다.

2010년경 한국에서 알고 지낸 필리핀 동생이 같은 공장에서 일하는 한국 남자를 소개했다. 사는 곳이 멀리 떨어져 있어 자주 만나지는 못했지만 한 번 두 번 연락을 주고받다 보니 호감이 생겼다. 살뜰히 챙겨주는 모습에 스무 살 더 나이가 많고 전처와의 사이에 자녀가 셋 있다는 사실도 점차 문제가 아니게 되었다. 그 또한 레이첼 씨가 사촌의 신분으로 와서 미등록으로 체류하고 있다는 점도, 필리핀에 아버지가 다른 자녀가 2명 있고 그녀가 양육비를 보내고 있다는 점도 모두 이해해주었다.

두 사람은 정식으로 결혼하기로 했다. 다만 남편은 그녀가 사촌의 신분이 아니라 그녀 자신의 신분으로, 레이첼이라는 이름으로 결혼 절차를 밟자고 했다. 레이첼 씨도 불안정한 미등록 체류 상태에서 벗어나 새롭게 출발한다는 마음으로 그렇게 하기로 했다. 남편과 함께 필리핀에 가서 결혼식을 하고 '합법적으로' 한국에 입국할 준비를 했다. 남편이 한 달 동안 필리핀에 머물면서 서류 준비를 도와주었다.

6개월 후 레이첼 씨는 세 번째로, 이번에는 산업연수생도 관광객도 아닌 '한국인의 배우자'로 한국에 입국했다. 결혼생활은 순탄했다. 작은 아파트에 살림을 차리고 남편과 같이 공장에서 일하며 차근차근 현재를 살고 미래를 준비했다. 남편은 필리핀에 있는 그녀의 두 아이도 조만간 한국에 데려와서 같이 살자고 했다. 말만이라도 고마웠다.

한국 남편, 한국 자녀가 없는 결혼이주여성의 자리

불행은 언제나 갑자기 닥쳐온다. 언제부터인가 남편은 점점 기운을 치리지 못하고 살이 빠지기 시작했다. 처음에는 예순 가까운 나이라 공장 일이 힘에 부쳐 그렇다고 생각했다. 어느 날 집 근처 병원에 다녀온 남편은 서울에 있는 큰 병원에 가봐야겠다고 했다. 당시에 살던 곳은 충남에 있는 소도시였다. 남편은 큰딸이 돌봐주기로 했다면서 혼자 서울에 갔다. 걱정과 불안이 가득했지만 남편을 따라나서지는 못했다. 필리핀에 있는 가족들 생각에 그 며칠조차 공장 일을 뺄 수가 없었던 것이다. 남편도 사정을 잘 알기에 별다른 말을 하지 않았다.

서울에 간 남편과 레이첼 씨는 계속 문자로 안부를 주고받았다. 그런데 얼마 후, 시어머니가 수술을 받게 되었다는 문자를 마지막으로 남편에게서 아무런 연락이 없었다. 레이첼 씨는 애가 탔지만, 남편 가족 중 연락처를 아는 사람이 아무도 없었다.

그렇게 한 달이 지나서야 남편의 막내딸이 이메일을 보내왔다. 그가 암에 걸렸었다고, 수술을 하고도 차도가 없어 재수술까지 했지만 결국 사망했다는 소식이었다. 레이첼 씨는 얼떨떨했다. 서울에 있는 병원에 간다고 집을 나선 것이 그의 마지막 모습이었다. 병원에서는 배우자인 그녀에게 남편이 수술을 받는다는 사실도, 사망했다는 사실도 알리지 않았다. 고인의 아내인데, 장례식조차 참석하지 못했다. 레이첼 씨는 남편의 자녀들이 자신의 존재를 지워버린 채 모든 일을 처리하지 않았을까 짐작할 뿐이었다. 그때가 2014년, 결혼한 지 겨우 3년이 지난 무렵이었다.

남편의 사망 소식을 전해 들은 지 얼마 후, 레이첼 씨는 남편의 큰딸과 막내딸을 만났다. 남편과 전처 사이에 자녀가 셋이라는 것은 알고 있었지만 직접 연락하고 만난 것은 처음이었다. 두 딸은 레이첼 씨를 남편 산소에 데려다주었다. 처음 가보는 남편의 고향이었다. 고작 그렇게 남편과 작별 인사를 할 수밖에 없었다.

남편에게는 얼마간 재산이 있었는데 유산 정리는 자녀들끼리 알아서 한 것 같다. 함께 산소에 갔을 때 큰딸이 이것저것 서류를 내밀었는데, 어떤 내용인지 제대로 확인도 못하고 사인을 했다. "왜 이렇게 서류가 많느냐"고 물었더니 자녀 셋이 한 장씩 나눠 가져야 해서 그렇다고 했다. "나도 한 장 달라"고 해

1부. 돌아간 여성들의 이야기

서 받은 것이 인터뷰할 때 그녀가 챙겨 온 서류들이었다. 처음에는 그녀 앞으로 상속된 유산이 하나도 없었는데, 그래도 막내 딸이 남편이 넣은 국민연금에서 유족연금을 받을 수 있게 도와주었다.

그렇게 레이첼 씨는 한순간에 홀로 한국에 남게 됐다. 그녀는 어떻게 해야 했을까? 외국인 여성이 한국인 남성의 배우자로 한국에 와서 결혼생활을 하다가 남편이 사망했을 경우, 그 여성은 한국을 떠나야 할까? 당연히 답은 '아니오'다. 그 여성은 한국에서 결혼생활을 하기로 선택한 것이고, 살던 중에 사별이라는 사건이 닥친 것뿐이다. 그녀가 한국에서 일하고 있든 아니든, 자녀를 키우고 있든 아니든 간에 달라지는 것은 없다.

레이첼 씨는 "국민인 배우자와 혼인한 상태로 국내에 체류하던 중 그 배우자의 사망"으로 인해 "정상적으로 혼인관계를 유지할 수 없는 사람"(F-6-3)이라는 합법적인 체류자격을 유지한 채 한국에 남는 것을 선택했다. 남편과 사별하기 전과 마찬가지로 공장에서 일하고 돈을 벌어서 필리핀에 있는 가족과 두 아이의 생계를 책임지기 위해서였다. 남편과 이야기했던 것처럼 필리핀에 있는 아이들을 데려와서 입양 절차를 마쳤더라면 아이들과 함께 지낼 수 있었겠지만, 남편이 갑작스레 세상을 떠나면서 단지 계획에 그치고 말았다.

만약 그녀가 남편과의 사이에서 낳은 한국 국적의 자녀가 있었다면 이야기는 또 달라졌을 것이다. 현재 한국의 출입국 정책, 다문화가족 지원 정책은 한국인 배우자와의 사이에서 낳은 한국 국적의 자녀를 양육하는 결혼이주자에게 가장 호의적이다. 한국 국적의 자녀가 한국에서 어머니의 보살핌을 받으며 자라는 것은 너무나 당연한 일이라고 보기 때문이다. 그러나 남편 없는 결혼이주자가 한국 국적의 자녀도 없이 한국에 체류하는 것은 마치 처음부터 불순한 의도로 결혼하고 한국에 온 것으로 간주되고 별다른 지원 정책도 없다. 한국 국적 남녀로 구성된 가족에게는 들이대지 않는 가부장적 가족관념과 가족제도를 결혼이주자에게 강요하는 것은 차별과 다름없다.

하루 아침에 추방당하다

한국에서 혼자 지낸 레이첼 씨에게 하루하루 살아가는 원동력이 된 것은 언젠가 가족들과 함께 한국에서든, 필리핀에서든, 혹은 다른 어떤 곳에서든 더 나은 삶을 살 거라는 기대였다. 특히 두 아이가 학업을 마치고 직업을 갖게 되면 20년 넘게 이어져온 그녀의 외국생활도 종지부를 찍을 수 있을 거라고 생각했다. 실제로 큰아이는 필리핀에서 손꼽히는 대학에 다니고 있었다. 그렇지만 합법과 불법의 경계를 아슬아슬하게 넘나들며 살아온 이주의 경험은 해피엔딩이 아니었다.

2017년 어느 날, 누군가 현관문을 두드렸다. "그레이스, 안에 있어?" 순간 레이첼 씨는 그가 '출입국 사람'이라는 것을 직감했다. 그러나 그레이스로 살았던 10년 동안의 삶은 2011년 남편과 결혼하면서 정리했고, 레이첼이라는 진짜 이름으로, 합법적인 체류자격으로 산 지도 벌써 만 5년이 넘었다. '도대체 왜 온 거지? 그레이스는 어떻게 알았지? 뭐가 문제지?' 머릿속이 복잡한 채로 레이첼 씨는 문을 열었다. 그 길로 수갑이 채워진 채 외국인보호소로 이송되었다.

묻고 싶은 게 수도 없이 많았지만 그녀는 외부에 딱 한 번 연락할 수 있을 뿐이었다. 어차피 필리핀에 가야만 한다면, 결혼비자로 한국에 온 이후 지난 6여 년의 생활과 신변을 정리할 시간을 달라고 요청했지만 거절당했다. 한국 정부가 방치해온, 혹은 묵인해온(한국 정부가 정치적·경제적 이유로 '불법체류자'를 양산하기도 단속하기도 한다는 것은 주지의 사실이다) 7년 전까지의 삶 때문에 레이첼 씨에게는 인도적 차원에서 주어질 수 있는 단 며칠의 시간도 허용되지 않았다.

가난한 여성들의 이주는
계속될 수밖에 없다

필리핀으로 돌아온 레이첼 씨는 한국에 갈 방법을 찾아 수개월째 여기저기 쫓아다니고 있다. 필리핀에 있는 한국 대사관에 민원을 넣기도 하고, 이주 에이전시를 찾아가기도 하고, 한국에 있는 지인에게 연락해 방법을 알아보기도 하는 등 한국과 연관이 있는 곳은 어디든 찾아다니고 있다. 그녀가 우리를 만난 것도 한국에 갈 방법을 찾는 한 방편이었다.

레이첼 씨는 왜 다시 한국에 가려는 것일까? 두 번의 '불법체류' 전력 때문에 비자를 받을 가능성이 별로 없다는 사실을 잘 알면서도 왜 노력을 멈추지 않을까? 그녀는 대학에 다니고 있는, 그리고 이제 곧 대학에 가야 할 두 아이의 교육비가 가장 걱정이라고 했다. 여전히 자신만 바라보고 있는 친정 가족들도 외면할 수 없다. 필리핀에서는 가족들의 생활비와 자녀 교육비를 감당할 수 있을 일자리를 거의 찾을 수 없지만, 한국에서는 그동안의 경험에 비춰볼 때 일자리도 구하고 생활도 할 수 있다는 것이다.

혹자는 그녀가 한국에서 20년 가까이 일하며 필리핀으로 돈을 보냈고, 지금은 매달 유족연금을 받고 있는데 돈이 없는 게 말이 되느냐고 의문을 가질 수 있다. 그동안 모아둔 돈이 없다는 게 이해되지 않을 수도 있다. 레이첼 씨가 한국과 필리핀을 오가며 벌었던 돈, 때로는 '불법체류자'로, 때로는 다른 사람의 신분으로, 때로는 '한국인의 배우자'로 살면서 벌었던 돈은 다 어디로 갔을까? 이런 질문을 받는다면 아마도 그녀가 가장 답답하고 억울할 것이다.

레이첼 씨가 꼬박꼬박 송금한 돈은 필리핀에 있는 가족들의 생활비와 두 자녀의 교육비로 모두 쓰였다. 부모님과 동생, 그녀의 자녀들, 이렇게 5명이 그녀가 보낸 돈으로 지금까지 살아왔다. 사실 이주자의 송금으로 온 가족이 생활하고, 이주자가 본국으로 돌아가더라도 가족의 생계를 부양할 수 있는 별다른 방법이 없어 다시 반복해서 이주하는 모습은 레이첼 씨에게서만 볼 수 있는 특별한 점이 아니다. 한국으로 이주하는 아시아 여성뿐 아니라 홍콩으로, 중동으로, 유럽으로 이주해 가사노동자나 공장노동자, 유흥산업 종사자로 일하는 많은 아시아 여성들이 경험하고 있는 일이다.

　이주 과정이 합법적이냐 불법적이냐, 노동하기 위해 이주한 것이냐 결혼하기 위해 이주한 것이냐의 구분은 국가, 특히 이주 유입국이 자국의 출입국과 노동시장, 결혼과 가족제도를 규율하는 데 중요한 문제로 여겨진다. 그러나 이주여성 당사자로서는 삶을 지속하기 위한, 더 나은 삶을 살기 위한 선택으로 합법과 불법, 노동과 결혼의 경계를 넘나들게 된다. 따라서 이주라는 선택이 자발적으로 이루어진 것인지, 아니면 어쩔 수 없이 등 떠밀린 것인지는 이분법적으로 딱 잘라 나눌 수 없을 뿐만 아니라, 어쩌면 중요하지 않은 문제일 수도 있다. 우리가 주목해야 할 것은 가족의 생계가, 지역경제가, 나아가 이주 송출국과 유입국의 국가경제가 여성들의 이주에 기대어 지탱되는 구조 속에서 이 여성들이 직면하는 위험과 불안이다.

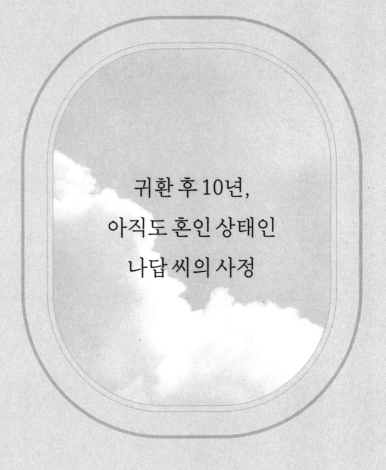

귀환 후 10년,
아직도 혼인 상태인
나답 씨의 사정

글 | 한국염, 한국이주여성인권센터 전 상임대표

몽골에서는 한국인 남편과의 결혼으로 이주했다가 다시 귀환한 7명의 귀환이주여성과 1명의 자녀를 만났다. 결론부터 말하면 이들에게는 '법적 이혼' 문제를 깨끗이 정리하는 게 시급한 문제였다. 몽골에 다시 돌아온 지도 꽤 오래되었지만 여성들은 여전히 법적으로 한국 남편과 이혼 문제가 해결되지 않아 혼인관계가 종료되기를 원하고 있었다.

　실제로는 결혼생활을 종료했지만 서류상으로는 그렇지 않아 몽골에서 살아가는 데 곤란을 겪고 있는 나답 씨의 이야기를 듣다 보면 귀환이주여성들이 처한 상황을 짐작할 수 있을 것이다.

남편 말만 믿고 온 한국

나답 씨는 2005년 한국인 남편과 결혼해 그해부터 한국에서 살았다. 그러나 남편 가족의 감시와 통제에 시달리다가 결혼 1년 만에 몽골로 귀환했다.

나답 씨는 몽골에서 한 의과대학을 졸업했다. 대학교를 졸업하자마자 한 친구가 "너 대학 졸업하는데 지금 할 일도 없고 하니까, 내 남자친구(한국인) 친구가 이번에 여기 오는데 한번 만나보고 결혼도 생각해봐. 한국에 가면 그 사람이 학교도 보내주고 다 해준다"라고 이야기했다. 그 친구는 당시 결혼중개업소를 운영하는 한국인 남성과 사귀는 중이었다.

그렇게 나답 씨는 친구가 주선한 자리에서 한 남자를 소개받았다. 그때 나이가 스물두 살이었다. 학업을 계속하고 싶었던 나답 씨는 '정말 공부시켜주고 학교 다니게 해주면 당신과 결혼하겠다'고 말했고, 남자는 '오케이' 했다. 그 말만 믿고 결혼을 했다. 당시엔 그의 나이도 물어보지 못했다. 결혼하고 보니 스물두 살인 나답 씨보다 스물두 살 많은 마흔네 살이었다. 결혼 후 5개월이 지나 비자가 나왔고 나답 씨는 한국에 입국했다.

그녀는 이 결혼을 한마디로 "사기 결혼"이라고 말했다.

"한국에 와보니 처음에 얘기했던 것과 달랐어요. 그 사람 말로는 자기가 화물차 운영 사업을 한다고 했어요. 사장이고 직원 몇 명 있다고 했는데, 그냥 자기 화물차를 운전하는 사람이었어요. 집도 없이 원룸을 얻어 생활하고 있었고요. 제 휴대폰도 뺏고 엄마에게 전화도 못하게 했어요. (한국에 온 지) 2주 지나서 내가 집에 전화해야 한다고, 엄마랑 통화해야 한다고 조르니까 한 번 하게 해주고. 또 2주 동안 연락을 못하게 해서 내가 울고불고……."

남편 가족의 '임신 강요'

시집 식구들은 수시로 나답 씨의 집에 찾아와 일일이 간섭하고 통제했다. 아침 6시에 남편이 밖으로 나가면 시어머니는 집에 와서 돌리고 있던 세탁기를 끄고 안에 든 옷들을 빼서 직접 손빨래하는 모습을 보여주며 '손으로 세탁을 하라'고 시켰다. 나답 씨의 옷과 바지 각각 한 벌씩과 신발 한 켤레만 남기고 다른 옷들을 몽땅 가져가버리기도 했다. 집 밖으로 나가지 말라는 뜻이었다. 그러나 무엇보다 견디기 힘들었던 건 "임신 독촉"이었다.

"한국에 온 지 이틀 만에 한국말도 모르는데 시어머니가 산부인과에 데리고 가서 검사를 받게 했어요. 그러더니 (남편과 같이 산 지) 한 달 지났는데 왜 임신이 안 됐냐고 계속 물었어요. 얼마 안 돼서 또 산부인과에 가야 했어요. 집을 뒤지면서 내가 피임약을 먹는지 확인하고요. 그게 너무 힘들었어요."

몽골에서 대학을 나온 나답 씨에게 계속 공부를 할 수 있게 해주겠다고 약속했던 남편이었지만 학업은커녕 나답 씨가 한국말을 배우러 "어학당에 다니는 문제로도 말다툼"이 잦았다. 처음에는 남편이 나답 씨를 모 대학교 어학당에 보내주었는데,

어머니와 여동생들이 왜 그렇게 잘해주냐며 반대하고 나섰다. 밖에 돌아다니게 하면 안 된다는 이야기였다. 어학당에 다니는 것도 그렇게 중단되었다.

결혼이주여성의 한국인 남편은 경제적 환경이 취약한 경우가 많은 편이다. 나답 씨의 사례처럼 남편의 집안에서 경제적으로 도움을 주는 경우에는 시부모가 결혼생활에 간섭하거나 외출이나 전화 연락을 통제하기도 한다. 나답 씨가 어학당을 그만두게 된 것처럼 한국에서 살아가는 데 필요한 장소들, 예를 들어 다문화가족지원센터나 한국어를 배울 수 있는 곳에 가는 기회마저 차단당하는 경우도 있다.

결국 외출도 할 수 없게 된 나답 씨는 집 안에서 텔레비전을 보며 한국어를 배워갔다. 그러다 한국말이 조금씩 들리기 시작할 무렵, 남편과 어머니가 싸우는 소리를 듣게 되었다.

"돈 많이 들였잖아. 1,500만 원 주고 애를 샀잖아. 그렇게 돈을 들였는데 애가 왜 저러냐?"

나답 씨는 큰 충격을 받았고, 이렇게 살 수는 없다고 생각했다.

미등록자 신분,
여권도 남편 손에

"너무 힘들어서 서울에 살고 있는 친구네 집으로 도망갔어요. 그런데 남편이 계속 전화해서 다시 집에 들어갔죠. 그러다 싸우고 나가라면서 나한테 물건을 집어 던지길래 또 도망쳤어요. 남편이 다신 안 그런다고 해서 돌아갔는데, 안 고쳐졌어요. 마지막에 집을 나왔을 땐 몽골에 귀국하려고, (귀국에 필요한) 돈을 벌려고 수원에서 일하다가 단속에 걸렸어요. 그래서 돌아왔죠. 단속 걸리기 전에는 식당에서 설거지하거나 이삿짐센터에서 청소, 짐 싸는 것도 하고 주방 정리도 하며 살았어요."

나답 씨가 미등록자 신분으로 단속에 걸린 것은 그녀가 외국인등록이 되어 있지 않은 데다가 가출신고까지 되어 있었기 때문이었다. 결혼해서 한국에 입국하면 3개월 이내에 외국인등록을 해야 한다는 사실을 몰랐던 나답 씨는 결혼생활을 하는 동안 한 번도 출입국관리소에 간 일이 없었다. 여권도 남편이 갖고 있었다. 게다가 나답 씨가 처음 집을 나갔을 때 남편은 가출신고를 했고, 나답 씨가 다시 집에 들어온 뒤에도 이를 해지하지 않았다. 나답 씨는 외국인등록도, 가출신고 사실도 모른 채 지내다가 체류기간을 연장하기 위해 출입국관리소에 갔을 때 담당 직원이 가출신고서를 보여주어 사태를 알게 됐다.

결국 나답 씨는 2주 동안 수원 외국인보호소에 있다가 몽골로 강제출국당했다. 여권도 없었기 때문에 몽골 대사관에서 임시 여권을 만들어주어 겨우 출국할 수 있었다.

나답 씨의 경우처럼 입국 이후 3개월 안에 의무적으로 발급받아야 하는 외국인등록증조차 신청하지 않아서 결혼 초기부터 귀국할 때까지 자신이 미등록 상태인 것을 모르는 여성들도 종종 있다. 이러한 사항을 한국인 남편이 챙기고 알려주어야 하지만 그러지 않는 경우들이 있기 때문이다. 나답 씨는 한국에 와서 홀로 어려움을 겪을 적에 주변에서 도움을 받을 수 있는 사람이나 기관 등을 소개받은 적이 없었다고 말했다. 외국인으로서 알아두어야 할 「출입국관리법」의 내용이나 한국생활을 하는 데 필요한 기본적인 정보도 몰랐다. 남편 가족들의 통제가 심해서 다문화가족지원센터 등 이주여성들을 지원하는 곳이 있는지도 전혀 몰랐다고 말했다.

그런 나답 씨에게 유일하게 도움을 건네준 건 같은 동네에 살았던 몽골 여성들뿐이었다. 남편 가족의 통제 때문에 같은 동네에 살면서도 자주 만나거나 가깝게 지낼 수는 없었지만 그래도 큰 힘이 되었다. 집을 나온 후에도 한국에 유학을 온 몽골 친구들의 도움을 받아 아르바이트 자리를 소개받거나 숙소를 제공받았다. 나답 씨는 한국 사람과는 접촉해본 적이 없다고 했다.

"한국에서 이혼서류를 받았으면 좋겠어요"

나답 씨가 몽골로 돌아온 후에도 남편은 그녀를 다시 한국에 데려가고 싶어 했다. 그런 남편의 모습에 마음이 움직인 나답 씨는 "몽골에 한번 와, 다시 잘해보자" 했다. 몽골에 온 남편은 한국 대사관에 나답 씨의 비자를 신청했다. 그러나 "한국에서 미등록 상태로 단속에 걸려 출국된 기록이 남아 있어서" 결국 비자를 발급받지 못했다. 그 후 남편은 연락이 끊겼다.

그로부터 10년이 지났다. 몽골로 귀환한 나답 씨는 그동안 어떻게 지냈을까? 그녀는 불행했던 결혼생활을 잊기 위해 노력했고 몽골에서 열심히 살았다. 몽골에 주재하는 한 한국 회사에 다니면서 한국말을 배웠고, 6년 전부터는 중국에 있는 한국 무역회사에서 일하고 있다.

그리고 지금의 남자친구를 만났다. 그는 한국인이다. 현재 나답 씨는 임신 4주째이고 두 사람은 결혼하길 원한다. 한국인 남자친구와 결혼해서 또다시 한국에서 결혼이주여성으로 살아가는 게 걱정되지는 않는지 묻자 "지금은 사랑해서 결혼하는 거니까 (상황이) 달라요"라고 말했다. "남자친구는 내가 원한다면 중국에서 살아도 되고, 아니면 몽골에 가서 살아도 좋다고 해요. 저는 결혼하면 한국으로 신혼여행을 갔다가 다시 중국에 있는 일터로 가고 싶어요."

문제는 나답 씨가 법적으로 이혼 상태가 아니라는 것이다. 재혼을 하려면 이혼한 서류, 즉 한국 법원의 판결문이나 이혼신고서가 있어야 한다. 한국의 법률상으로는 배우자가 부재할 경우 공시송달로 이혼소송장을 보내서 배우자이 부재를 증명하고 혼자서도 이혼을 할 수 있지만 몽골의 법률은 다르다. 배우자와 연락이 닿지 않아 배우자의 부재를 증명하더라도 혼자서는 이혼을 할 수 없다.

"제가 이혼이 되어야 그 사람과 재혼을 할 수 있어요. 한국에서 이혼서류를 받을 수 있게 도와주세요."

나답 씨처럼 이혼하지 않았어도 가출신고 등으로 미등록 신분이 되어 단속으로 추방되든, 이혼 후 체류권 없이 미등록 상태로 있다가 몽골로 귀환하든 추후 한국에서 비자가 발급되지 않는다. 이는 귀환이주여성들이 문제 자체를 해결할 수 없도록 만들기도 한다. 비자가 발급되지 않으니 다시 한국에 갈 수 없고, 따라서 이혼 문제를 해결하고 싶어도 해결하기가 어려운 것이다. 본국에서라도 해결해보려 애쓰지만 한국에 있는 남편의 현재 상태도 알 수 없는 경우가 많고, 남편과 통화해 이혼서류를 보내달라고 부탁하고 싶어도 한국어를 구사하지 못하는 경우, 또는 남편에게 연락하는 것 자체가 겁난다고 하는 여성도 있다.

나답 씨는 한국에 있을 때 알게 된 몽골 친구들과 SNS로 연락을 이어가고 있었다. 그들도 처지가 비슷하다. 사실상 이혼한 상태지만 서류상으로 이혼이 정리되지는 않았다.

"친구들한테 '너희들 어떻게 됐냐, 난 이혼해야 하는데 못하고 있다' 그러면 '우리도 아직 그대로잖아. 네가 방법을 알아내면 우리한테도 알려줘'라고 말해요."

자의든 타의든 한국에서의 결혼생활을 정리하고 본국으로 귀환했으나 그녀들은 아직 끝나지 않은 이혼 때문에 새 출발을 하지 못하고 있었다.

돌아온 여성들이
재정착해 살 수 있도록

몽골에서 만난 귀환이주여성들은 대부분 몽골에 돌아온 후 취업을 해서 생계를 유지하고, 자녀가 있는 경우에도 혼자

힘으로 키우고 있었다. 한국에서의 결혼생활에 데어 다시는 결혼하지 않을 것이라고 말하는 사람도 있고, 몽골에서 만난 새로운 사람과 결혼할 수 없어 힘들어하는 경우도 있다. 그러나 결혼에 대한 계획 여부를 떠나 모두의 일차적 바람은 이혼 문제를 해결하는 것이었다.

결혼이주여성의 귀환은 그 형식이 자발적인 경우라도 이유를 들여다보면 도저히 더 이상 한국에서 살 수 없어 떠밀리다시피 선택한 귀환이 대부분이다. 한국 사회는 국제결혼으로 한국에 온 이주여성들이 어쩔 수 없이 귀환을 선택할 수밖에 없는 환경에 처하지 않도록 실질적인 지원책을 마련해야 한다. 다문화가족지원센터나 이주여성상담센터를 비롯한 이주여성 지원기관은 물론이고 법무부, 노동부, 그리고 결혼이주여성들이 거주하고 있는 지방자체단체의 노력도 필요하다. 주민들의 인식개선 작업과 더불어 결혼이주여성들이 안정적으로 체류하고 일하고 생활할 수 있는 실질적인 여건 조성이 절실하다.

또한 한국 사회는 떠밀리다시피 귀환을 선택한 결혼이주여성들이 본국에서 다시 정착해 살아갈 방안을 함께 모색할 책임이 있다. 몽골에서 확인한 바로, 이를 위해 가장 선행되어야 할 과제는 '아직 끝나지 않은 이혼'을 마무리 짓는 일이다.

임신·출산과 함께 사라지는 남자들

아버지 이름이
적히지 못한
아이들의 출생신고서

글 | 레티마이투(한가은), 한국이주여성인권센터 사무국장

처음에는 태국의 귀환이주여성을 찾기가 그리 쉽지 않았다. 태국 여성들은 결혼을 통해 한국으로 이주한 경우가 많지 않다. 우리는 태국 결혼이주여성이자 통번역 및 이주민 지원활동을 하는 사람을 통해 장기간 인터뷰이를 찾아보았다. 그 결과 한국인 남편과 이혼 후 귀환해서 주체적으로 자신의 삶을 살아가고 있는 한 여성과 연결될 수 있었다. 그리고 그를 통해 태국 여성 9명을 만날 수 있었다.

이들의 경험은 일반적으로 상상하는 귀환이주여성의 상황, 즉 '결혼'을 하고 한국에서 살다가 본국으로 돌아온 것과는 거리가 멀었다. 각자의 사연은 너무나 다양했으나 대부분 무비자로 한국에서 마사지 일을 하고 귀국했거나, 인터넷 채팅 혹은 지인의 소개로 한국 남성을 만나 동거하다 자녀를 출산한 사례들이었다. 이들의 공통적인 경험은 임신했을 때부터 한국 남성에게 부정과 거부를 당했다는 것, 아이 아빠는 자녀를 출산할 때까지만 양육비를 보내주었다는 것, 출산하고 나서는 혼자서 자녀 양육을 책임지며 살아가고 있다는 것이었다.

아이가 태어나자
남자친구가 사라졌다

솜자이 씨는 한국에서 사는 친구를 통해 한국에 가면 마사지 일만 해도 돈을 많이 벌 수 있다는 얘기를 들었다. 당시 그녀는 태국인 남편과 헤어진 뒤 혼자 자녀를 양육하고 있었다. 규모가 꽤 큰 회사에서 마케팅 업무를 담당하며, 경제적으로 넉넉하지는 않았지만 자녀 양육비를 감당할 수 있을 정도로는 안정적인 삶을 살았다. 그러다 갑자기 어머니가 쓰러졌고 수술을 해야 하는 상황이 닥쳤다. 솜자이 씨가 버는 돈으로는 수술비를 감당할 수 없어 친구 등 지인에게 돈을 빌려 수술비를 치렀다.

그렇게 빚을 지게 된 솜자이 씨는 한국에서 마사지 일을 하면 돈을 많이 벌 수 있다는 친구의 말에 한국행 비행기표를 샀다. 태국은 한국 정부가 사증면제협정(비자면제협정)을 체결한 110개국 중 한 국가로 90일까지 무비자로 체류할 수 있다. 이로 인해 솜자이 씨도 어렵지 않게 한국으로 이동할 수 있었다.

한국에서 6개월 정도 마사지 일을 하던 솜자이 씨는 한 한국인 남성과 만나 교제하게 되었고 만난 지 3개월쯤 지나 동거

1부. 돌아간 여성들의 이야기

를 시작했다. 그렇게 9개월 동안 같이 살았지만 남자의 가족들은 그녀의 존재를 몰랐다. 솜자이 씨는 새로운 일터에서 마사지 일을 계속하면서 장사도 시작할 계획을 세웠다. 혼자서는 아니었고 고향 친구와의 동업이었다.

그사이 솜자이 씨는 비자를 두 번 연장했다. 사증면제협정으로 인한 무비자 체류기간인 90일이 지났을 때, 한 태국 사람이 접근해 한국에서 합법적으로 살 수 있는 비자를 발급해준다며 그 비용으로 450만 원을 요구했다. 비자는 G-1(난민비자)이었다. G-1비자의 체류기간은 90일이었지만 연장이 가능했다. 90일 뒤 다시 90일을 연장하는 식이었다. 그러나 세 번째 연장을 하기 위해 출입국관리사무소에 찾아간 솜자이 씨에게 날벼락 같은 소식이 떨어졌다. '합법적인 비자'를 발급해준다던 업체가 경찰에 붙잡힌 것이다. 비용은 이미 지불한 뒤였다.

솜자이 씨는 너무 당황스러웠지만 곧바로 조사를 받게 되었다. 그녀에게 접근했던 태국 사람은 출입국관리사무소에 가짜 증빙서류를 보내고 비자를 얻어준 것이었다. 솜자이 씨가 구속되지는 않았지만 조사는 열흘 동안 이어졌고 결국은 강제출국 처분이 내려졌다.

당시 동거 중이던 남자친구에게는 이러한 사실을 알리며 이별을 고했다. 동업을 준비 중이었던 친구에게도 갑작스럽게 고향으로 떠나야 하는 상황을 알리며 투자한 사업비를 돌려달라고 했다. 그러나 친구에게서는 답이 오지 않았다. 어머니의 수술로 진 빚을 갚으려던 솜자이 씨는 빚을 갚기는커녕 또다시 목돈을 잃고 빈손으로 돌아가야 했다.

그렇게 솜자이 씨는 태국으로 돌아왔다. 한국에서 동거했던 남자친구는 계속 연락을 해왔다. 얼마 뒤 그가 태국으로 왔고, 다시 시작하자며 솜자이 씨를 붙잡았다. 솜자이 씨는 비자 문제로 다시 한국에 입국하기는 어려울 것이라고 생각해 그냥 헤어지자고 말했다. 그는 헤어지기 싫다며 매달렸고, 이내 같이 살자는 약속과 함께 둘의 관계는 다시 이어졌다. 그리고 며칠 태국에 머물렀던 남자친구가 한국으로 돌아갔다. 얼마 후, 솜자이 씨는 임신 사실을 알게 되었다.

기쁜 소식을 그에게 빨리 알려주고 싶어서 바로 연락했더니, 그는 기뻐하기보다 화들짝 놀라며 혹여 자신의 부모가 알게 될 것을 염려했다. 그는 솜자이 씨가 아이를 낳을 때까지 매달 송금을 해주었다. 솜자이 씨는 아이를 출산하고 나면 결혼과 함께 한국에 갈 수 있을 거라고 생각하며 그날을 기대했다. 그러나 아이를 출산했을 때도, 아이가 태어난 지 5개월이 지났을 때도 결혼하자거나 한국으로 오라는 이야기를 듣지 못했다. 답답한 마음에 남자친구에게 물어보면 오히려 그는 화를 냈다. 부모님이 반대한다, 미안하다, 기다려라, 라는 말뿐이었다. 솜자이 씨는 그의 부모가 자신을 만나본 적도 없으면서 왜 반대만 하는지 이해할 수 없었다.

한국에 있다 하더라도 남자친구가 할 수 있는 일들이 있었다. 아이의 출생신고나 혼인신고 같은 일이었다. 하지만 그는 어떤 말도 꺼내지 않았고 그렇게 시간이 흐르다 결국 연락이 끊겼다. 그나마 매달 보내오던 양육비마저 연락과 동시에 끊긴 지 몇 달이 지났다. 솜자이 씨는 영문도 모른 채 답답하기만 했다.

한국에 있는 친구를 통해 계속 연락을 시도하는 게 할 수 있는 유일한 일이었다. 아이의 출생신고를 위해 그의 주민등록등본과 여권을 제출해야 했지만, 아무리 연락해도 그에게서는 응답이 없었다. 결국 아이의 출생신고서에는 아버지의 이름이 적히지 못했다.

인지청구 소송을 제기한
마리 씨 이야기

마리 씨는 솜자이 씨처럼 태국에서 안정적인 삶을 살았다. 대학에서 금융 관련 학과를 전공했고 졸업 후에는 13년가량 전공 관련 연구소에서 근무했다. 마리 씨는 미래를 위해 대학원에 진학해 공부를 계속하고 싶었지만, 방콕에서 자신의 수입으로 집세와 생활비를 감당하면서 학비까지 내기는 어려워 보였다. 대학원 학비 마련을 위해 잠깐 한국에서 마사지 일로 돈을 모으고, 등록금을 충당할 정도가 되면 돌아올 계획이었다.

마리 씨는 한국으로 가기 전 간단히 마사지 일을 배웠고 국제결혼을 해서 한국인 남편과 살고 있는 친구를 통해 한국에서 일할 마사지 업체도 찾았다. 입국 후 그곳에서 일했다. 그러다 그 친구가 한 남자를 소개해주어 데이트를 시작했다. 평일에는 일하고 주말에는 데이트를 하는 평범한 일상이었다.

그러던 어느 날, 임신 사실을 알게 되었다. 마리 씨는 심리적으로 많이 불안해졌다. 당시 마리 씨는 40대이고 남자친구는

50대였는데, 그의 전 아내는 사망했고 그에게는 성인이 된 자녀가 있는 상태였다. 그가 임신 사실을 알면 어떻게 나올지 걱정이 되었다. 마리 씨는 더 늦기 전에 아이를 갖게 되어 너무 기뻤지만, 남자친구가 알면 아이를 낳지 말라고 강요할 것 같았다. 만약 아이를 낳더라도 그가 아이를 뺏을지 모른다는 걱정도 들었다.

결국 마리 씨는 아이를 지켜야겠다는 생각에 임신 사실을 숨긴 채 태국으로 돌아갔고, 이후 남자친구에게 문자로 임신 사실을 알렸다. 예상대로 그는 왜 임신을 했느냐는 둥 나이가 많은데 어떻게 임신이 되었느냐는 둥 날카로운 말들을 뱉어냈다. 하지만 그녀에게는 아이를 낳아야겠다는 생각뿐이었다.

태국으로 돌아왔지만 마리 씨는 가족들을 만나지 않고 방콕에서 홀로 지냈다. 한국에 잠깐 일하러 다녀오겠다던 딸이 임신한 상태로 돌아온 걸 알면 자신은 물론 부모도, 그리고 태어날 아이까지도 주위 사람들에게 손가락질을 당할 거란 사실을 알기 때문이었다. 더군다나 그동안 가정경제를 책임져온 자신을 자랑스러워한 부모님이었는데, 결혼도 하지 않고 임신한 상태로 볼 면목이 없었다.

그러나 만삭이 되자 혼자 출산과 육아를 감당할 수 없어 결국 집으로 가게 되었다. 그사이 아버지는 심장병이 심해져 있었고, 어머니는 그런 아버지를 간병하느라 지쳐 있었다. 마리 씨의 소식을 들은 주변 사람들은 아버지에게 '애 아빠가 누구냐' '한국에서 무슨 일을 했길래 임신해서 혼자 돌아왔냐' 등 비방을 서슴지 않았고, 아버지는 그 스트레스 때문인지 병이 깊어져 결국 돌아가셨다. 이웃들은 위로해주겠다고 와서는 '너 때문에 아버지가 화병으로 돌아가셨다'는 등의 말을 해댔다. 그녀는 더 이상은 견딜 수가 없어서 아이를 데리고 다시 방콕으로 왔다.

그동안 한국에 있는 아이 아빠가 한 일은 마리 씨가 출산을 준비하고 태어난 아이가 생후 1개월이 될 때까지 총 340만 원가량을 부쳐준 게 다였다. 그래도 마리 씨는 다시 한국에 가서 일하며 아이를 양육해야겠다고 생각했다. 아이 아빠에게 아이 사진을 계속 보내면서, 세 가족이 함께 살 수 있기를 기대했다. 그러나 남자는 혼인신고에 필요한 서류까지 보내준 것을 마지막으로, 아이가 태어난 지 6개월이 될 때부터 연락을 끊어버렸다. 처음에 그를 소개해준 친구를 통해 가까스로 연락이 닿았지만 그는 결혼하겠다고 말한 적이 없다며 발뺌을 했다. 마리 씨는 답답하고 막막했다.

그녀는 남자친구와 결혼하지 못하더라도, 아이가 한국 국적을 갖게 되기를 원했다. 친구를 통해 한국에 있는 한 이주민 지원센터를 알게 됐고, 법률 지원을 받아 아이 아버지를 상대로 인지청구 소송을 걸었다. 그 결과 아이는 태국과 한국 복수국적을 취득하게 되었다. 아이 아버지는 매달 40만 원씩 양육비를 지급하라는 판결을 받았다. 그러나 소송을 준비하고 진행하는 동안 한국과 태국을 여러 번 오가야 했던 마리 씨의 재정은 아이 양육비와 어머니의 병원비로 거의 바닥이 난 상태였다.

마리 씨는 현재 예전에 하던 연구 일을 계속하면서 생계를 유지하고 있지만, 이곳저곳 돌아다녀야 하는 직업 특성상 육아와 병행하기 어려워 지속적으로 일할 수는 없는 형편이다. 그녀는 한국에서 육아와 병행할 수 있는 일자리를 찾고 싶어 했다. 아픈 상처가 있는 태국을 떠나고 싶고, 한국이 아이를 키우기에 좋은 환경이라고 생각하기 때문이기도 하다. 마리 씨는 한국에 가서 청소 일을 하면서 한국어를 열심히 배우면 나중에는 통번역이나 영어강사 일을 할 수 있지 않을까 꿈꾼다.

아버지로서의 책임을 다하라는 당연한 요구

조사팀이 태국 방문을 마치고 한국에 온 이후에도 많은 태국 여성들로부터 이메일을 받았다. 그 내용은 주로 "아이 아빠와 연락이 되지 않아요" "아이의 출생신고를 도와주세요"와 같은 것이었다. 이들은 자기 자신보다 아이의 삶을 위해서 아이 아버지가 책임을 다할 것을 요구하고 있었다.

태국과 한국은 비자면제협정 국가로 쉽게 왕래할 수 있다. 한국 남성들과 태국 여성들은 페이스북, 라인 등 다양한 SNS를 통해 만나고 있다. 태국 여성이 한국에서 마사지 일을 하며 손님으로 방문하는 남성과 사귀거나 동거하는 사례도 드물지 않다. 관계는 평탄하게 흘러간다. 그러나 둘 사이에 아이가 생기는 순간 많은 한국 남성들이 돌변한다. 대개 출산하기 전까지는 관계를 이어가더라도 아이가 태어나면 연락을 끊고 잠적해버리는 경우가 많다. 이런 경우 여성은 인지청구 소송을 통해 아이 아버지를 법적으로 확인해야 양육비를 청구할 수 있다. 그러나 한국 법률을 잘 모르는 이주여성이 홀로 소송을 준비하는 것은 사실상 불가능한 일이다. 이주여성 지원단체를 통해 통번역, 법률 조력 등 소송 관련 지원을 받는다고 하더라도 현지에서 서류, 경비 등을 준비하며 한국에서의 소송을 진행하기는 무척 어렵다. 또한 승소만으로 모든 문제가 해결되지도 않는다. 판결에 따라 양육비 청구를 하더라도 이를 이행하지 않는 경우가 많기 때문이다. 양육비를 받지 못하는 이러한 문제는 귀환 여부를 떠나 거의 모든 한부모 이주여성이 겪는 일이기도 하다. 양육비 이행청구 소송을 통해 양육비 지급을 강제할 수 있지만, 외국에 사는 이주여성이 또다시 한국에서의 소송을 제기하고 진행하는 것은 결코 쉬운 일이 아니다.

임신은 혼자서 하는 게 아니고, 따라서 아이의 출산과 양육을 여성 혼자서 떠맡아선 안 된다. 어떤 경우라도 자녀에게 부모로서의 책임을 다해야 한다는 것, 당연한 그 사실을 아무리 강조해도 지나치지 않은 현실이다.

한국에 오는 순간 달라지는 여성의 자리

"견딜 수 있으면

참고 살고,

아니면 돌아가라"

글 | 레티마이투(한가은), 한국이주여성인권센터 사무국장

태국에서 만난 와 씨는 첫인상이 강렬했다. 자동차를 운전하며 나타난 와 씨는 창문을 내리고는 "안녕하세요"라며 한국말로 인사를 건네왔다. 그 모습이 멋있어 보였다. 그녀는 한국 남성과의 사이에서 태어난 아이 둘을 혼자서 양육하고 있있지만, 인터뷰하러 온 이유는 아이에게 아빠를 찾아주거나 양육비를 받기 위함이 아니었다. 그녀는 그저 자신이 살아가는 이야기를 들려주고 싶을 뿐이라고 했다. 태국의 엘리트 여성인 와 씨가 들려준 이야기는 한국 사회에 존재하는 이주여성에 대한 선입견과 배제, 그리고 차별이 얼마나 지독한지 보여주었다.

태국에서 만난
한국인 남자친구

대부분의 결혼이주여성들은 연애보다는 국제결혼 중개업체를 통해 짧은 시간에 한국 남성과 만남을 가지고 서로 동의하면 곧바로 결혼 절차를 밟게 된다. 그 때문에 결혼 상대에 대해 아는 정보도 기본적인 몇 가지 정도다. 그러나 와 씨는 출발이 조금 달랐다.

그녀는 한국인인 아이 아버지를 태국에서 만났다. 당시 그는 외국에서 유학하던 중 태국에 여행을 와 있었고, 와 씨는 지인의 소개로 그를 만나게 되었다. 와 씨는 대학원을 막 졸업하고 월 4,000달러를 받는, 보수가 높은 직장에 다니고 있었다. 두 사람 모두 영어에 능숙해 소통이 잘 되어서인지 금세 친해졌고, 마음이 맞아 연애를 시작했다. 당시 그 모습을 지켜보던 와 씨의 어머니는 결혼까지 갈 것 같아 걱정이 많았다고 한다. 와 씨가 좋은 직장을 구해 이제 막 일을 시작했는데, 만약 결혼이라도 하게 되면 남편을 따라 먼 한국 땅에 가서 살아야 할 텐데 왜 굳이 한국 남자를 만나는지 이해하기 어려워했다. 와 씨의 어머니는 교제를 강하게 반대했지만 와 씨는 그가 한국 사람이라는 게 큰 문제라고 생각하지 않았다. 서로 사랑하고 함께할 마음만 있다면 물리적 거리는 문제가 안 된다고 생각했다.

그러던 중 남자친구는 군 입대 문제로 한국으로 돌아갔다. 그 후 와 씨는 남자친구와 같이 미국으로 유학을 가기 위해서 한국에 입국했다. 하지만 비자 발급에서 문제가 생겼다. 한국 사람인 남자친구는 미국 유학비자를 받기가 비교적 수월했던 반면 태국 사람인 와 씨는 비자 발급이 어려웠던 것이다. 와 씨의 비자가 나오지 않자 결국 그가 먼저 미국으로 떠났다. 마냥 기다릴 수만은 없었기 때문이다. 한국에 혼자 남은 와 씨는 그의 부모와 함께 3개월여를 살았다. 그러나 와 씨 또한 마냥 그 집에서 머물기가 불편해 태국으로 돌아왔다.

그런데 남자친구가 유학을 그만두고 가족 몰래 태국으로 와 씨를 만나러 왔다. 와 씨는 어머니한테 솔직하게 이야기하길 권유했으나 그는 자신이 알아서 하겠다고 답할 뿐이었다. 그때부터 3년 동안 두 사람은 와 씨가 마련한 집에서 같이 살았다. 아이가 생겼고, 이윽고 그는 자신의 어머니에게 상황을 솔직하게 털어놓았다. 그의 어머니가 태국으로 아들과 손자를 보러 왔다. 처음엔 화가 났겠지만 막상 아이를 보니 너무 사랑스럽고, 아들을 닮은 모습에 화난 마음도 누그러진 것 같았다. 그의 어머니는 사업을 하는 사람이었는데, 태국에 온 김에 태국과 한국을 왕래하면서 사업을 벌였고 그 덕에 와 씨와 어머니 사이는 가까워졌다.

견딜 수 있으면 참고 살고,
아니면 돌아가라?

와 씨는 동거 기간이 길어지면서 남자친구가 화를 잘 내는 성격이라는 사실을 알게 되었다. 그 사실을 알게 된 건 남자친구가 태국에서 장사하는 한국인 친구와 동업을 했다가 사기를 당해 돈을 날려버렸을 때부터였다. 그때부터 그는 유학을 중단하게 된 것도, 태국에서 사기를 당한 것도 모두 와 씨 때문이라며 그녀를 탓했다. 사업이 망해서 상심이 컸을 거라 여긴 그때는 그냥 받아주었다. 하지만 그는 점점 더 작은 일에도 크게 화를 내기 시작했다. 날이 갈수록 감정 기복이 심해졌고, 기분이 좋을 때와 나쁠 때의 행동이 왔다 갔다 했다. 와 씨는 처음에는 그가 왜 그러는지 알지 못했다. 둘째가 생기자 다시 잘 대해주는 것 같다가도 곧 달라졌다. 와 씨는 남자친구가 자신을 무시하고 낮잡아 보는 경향이 있음을 느꼈지만, 아이가 있고 서로 좋아하기 때문에 극복할 수 있을 거라고 생각했다.

그러던 어느 날, 와 씨는 폭행을 당했다. 폭행의 증거를 남기거나 경찰에 신고하고 싶지는 않았다. 외국인인 그가 폭력으로 잡혀 가면 처벌은 물론 더 이상 태국에 체류할 수 없게 되기 때문이었다.

그 이후 그의 어머니는 아이들을 데리고 한국에 와서 같이 살 것을 제안했다. 그렇게 1년 동안 아이들과 한국에서 살았을 때, 와 씨와 아이들은 그의 부모가 장사하는 가게 한편에 마련된 쪽방에서 지냈다. 그사이 무비자 체류기간인 90일이 지났고, 1년이 다 되도록 혼인신고를 하지 못해 결국 와 씨와 아이들 모두 미등록체류자가 되었다. 와씨는 혼인신고를 위한 서류를 다 준비했지만 남편은 해주지 않았다.

와 씨와 아이들이 한국에서 합법적으로 체류하려면 혼인신고를 한 후 국제결혼 가정으로 F-6비자를 받고 아이들을 한

1부. 돌아간 여성들의 이야기

국 국적자로 신고하는 절차가 필요했다. 와 씨는 당연히 이러한 절차가 이뤄지리라 생각했지만 남편은 혼인신고는커녕 와 씨와 자녀들이 합법적으로 체류할 수 있는 아무런 조치도 취하지 않았다. 미등록체류자가 된다는 것은 기본권을 보장받지 못한다는 것이다. 아파도 병원에 가지 못하고, 학교에 가기도 쉽지 않다. 어린이집의 경우에도 아이를 받아주는 조건으로 높은 금액을 요구한다.

더군다나 한국에 와 있는 동안 남편은 와 씨와 함께 살지 않았다. 와 씨는 이미 태국에서부터 그에게 다른 여자친구가 생겼다는 사실을 알게 되었고, 그 여성과 혼인신고를 하기 위해 마련한 서류도 발견했다. 그의 어머니는 와 씨에게 말했다. "이런 상황을 견딜 수 있으면 참고 살고, 아니면 아이들을 데리고 돌아가서 혼자 키워라. 아이들을 감당하기 어려우면 한국에 두고 가라, 내가 돌봐주겠다."

미등록자 자진출국으로
한국을 떠나다

태국에서 월 4,000달러를 벌었던 와 씨는 한국에 온 후 남편의 어머니에게 일주일에 1만 원씩 생활비를 받았다. 아이에게 우유를 사주고 싶어도 그럴 수 없었다. 와 씨는 그때 삶이 너무 비참해지는 느낌이 들었다. 어머니는 처음에 아이들은 물론 와 씨에게도 잘 대해주었지만 시간이 지날수록 아이들도 돌봐주지 않았다. 와 씨의 기억에는 "내 아들이 사랑하면 나도 사랑한다. 내 아들이 사랑하지 않으면 나도 사랑하지 않는다"라고 했던 어머니의 말이 선명하게 남아 있다.

와 씨는 마음이 너무 답답하고 힘들어서, 미등록자 자진출국 기간에 아이들을 데리고 고향으로 돌아가기로 결심했다. 와 씨와 같이 어떠한 이유로든 체류기간이 초과되어 미등록으로 한국에서 거주한 경우, 그 사실이 적발되면 거주한 기간만큼 벌금을 내야 한다. 미등록자 자진출국 기간에 출국하면 벌금을 내지 않아도 되고, 추후 재입국할 때도 제한을 받지 않을 수 있다. 만약 와 씨가 자진출국 기간을 놓치면 단속에 걸릴 시 강제출국과 함께 향후 5년 동안 한국 입국이 금지될 것이었다. 그 때문에 와 씨는 자진출국 기간에 귀국을 선택했다.

그런데, 예상치 못하게 인천공항에서 와 씨와 두 아이가 출입국관리사무소 직원에게 붙잡혔다. 아이들의 이름이 한국 이름으로 되어 있기 때문이었다. 와 씨는 아이들의 국적은 태국이라고 설명했지만 소용없었다. 출입국관리사무소 직원은 알아볼 때까지 기다려야 한다고만 했다. 결국 조사가 길어지며 와 씨가 예약한 비행기는 탈 수 없다는 통보를 받았다. 비행 일정을 바꿔야 하는지, 언제 돌아갈 수 있는지 물었지만 직원에게서는 그런 것까지 일일이 봐줄 시간이 없다는 대답이 돌아올 뿐이었다. 와 씨는 그 말에 눈물이 줄줄 쏟아져서 더 이상 아무 말도 하지 못했다. 옆에서 그 모습을 지켜본, 지난 1년 사이 어느새 한국말이 유창해진 아이들이 왜 우리 엄마를 울게 하느냐며 대신 직원에게 따지고 들었다. 그때 큰아이는 겨우 여덟 살이었다.

와 씨의 생각보다도 성숙해져 있는 아이들의 모습에 와 씨는 한 편으로 든든함을 느끼기도 했다.

이주여성이 되는 순간
가장 낮은 위치에 놓이는 현실

와 씨의 이야기는 어떤 배경을 가진 여성이든 결혼이주여성들이 처하는 어려운 현실은 대체로 비슷하다는 사실을 보여준다. 그녀는 한국이 아닌 태국에서, 중개업체를 통하지 않고 남자친구를 만났고, 연애를 했고, 혼인신고를 꼭 해야 할 필요성을 느끼지 않을 만큼 사회적으로도 경제적으로도 자유로운 편이었다. 그러나 그녀가 아이를 낳고, 한국에 오게 되면서 상황은 완전히 바뀌었다.

와 씨는 자신의 삶을 주도적으로 살아왔지만 이주여성이 되는 순간 존중받지 못한 채 수동적인 위치에서 다른 사람에게 의존해야만 했다. 그녀가 마주했던 상황들은 한국 사회와 구성원들이 이주여성에게 가지는 선입견과 배제가 얼마나 심각한지도 새삼 느끼게 한다.

와 씨는 자신과 비슷한 사례가 다시는 생기지 않기를 바란다고 했다. 그러고는 마지막으로 아이 아빠가 보내온, 한국어로 쓰인 문자를 우리에게 보여주었다. 문자의 내용은 '아이들 보고 싶다, 잘 키우리라 믿는다'는 것이었다. 와 씨는 도대체 그가 왜 이런 문자를 보내는지 모르겠다며, 한국 사람이라면 그 말에 숨

겨진 뜻을 알지 않을까 하는 눈치였다. 완전히 사라지지는 않은 희망이 담긴 와 씨의 눈빛을 보며 우리는 아무 말도 할 수 없었다.

엄마와 함께 떠난 아이들

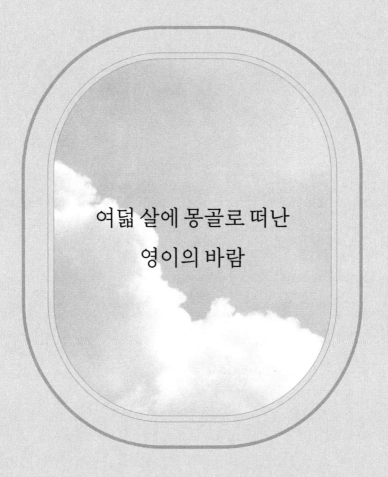

여덟 살에 몽골로 떠난
영이의 바람

글 | 한국염, 한국이주여성인권센터 전 상임대표

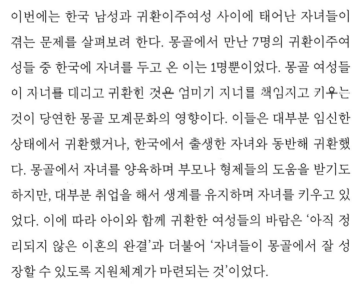

이번에는 한국 남성과 귀환이주여성 사이에 태어난 자녀들이 겪는 문제를 살펴보려 한다. 몽골에서 만난 7명의 귀환이주여성들 중 한국에 자녀를 두고 온 이는 1명뿐이었다. 몽골 여성들이 자녀를 데리고 귀환한 것은 엄마가 자녀를 책임지고 키우는 것이 당연한 몽골 모계문화의 영향이다. 이들은 대부분 임신한 상태에서 귀환했거나, 한국에서 출생한 자녀와 동반해 귀환했다. 몽골에서 자녀를 양육하며 부모나 형제들의 도움을 받기도 하지만, 대부분 취업을 해서 생계를 유지하며 자녀를 키우고 있었다. 이에 따라 아이와 함께 귀환한 여성들의 바람은 '아직 정리되지 않은 이혼의 완결'과 더불어 '자녀들이 몽골에서 잘 성장할 수 있도록 지원체계가 마련되는 것'이었다.

몽골 사회는 아이들을 위한 교육과 복지제도가 비교적 잘

갖춰져 있는 편이다. 비록 액수는 적지만 임신 기간 중 태아수당이 나오며, 자녀가 만 18세가 될 때까지 월 2만 투그릭(원화 약 8,000원)의 육아수당이 나온다. 몽골의 공교육 학제는 6~10세 초등과정, 11~14세 중등과정, 15~17세 고등과정까지 총 12년으로 구성되어 있다.

하지만 아동이 외국 국적을 가진 경우에는 공교육의 혜택만 받을 수 있고 육아수당은 지급되지 않는다. 이 때문에 아이와 함께 귀환한 여성의 부담은 더욱 커질 수밖에 없다. 아이와 함께 귀환한 여성들이 양육 지원체계 문제를 지적하는 이유다.

한국 국적의 이주 배경 아동이 겪는 어려움

몽골 국적을 가진 귀환이주여성이 몽골에서 아이를 낳는다면, 아이는 엄마의 국적을 따라 몽골 국적을 취득하고 교육제도와 복지제도의 혜택을 받을 수 있다. 그러나 한국에서 태어나 한국 국적을 갖고 있는 자녀가 함께 귀환한 경우에는 공교육 외의 지원을 받지 못한다. 육아수당과 같은 제도적 지원 없이 경제적으로 혼자서 자녀를 양육하려면 큰 어려움을 겪을 수밖에 없다. 따라서 귀환이주여성과 함께 귀환한 자녀들이 몽골의 복지제도에 편입되기 위해서는 몽골 국적 취득이 관건이다.

몽골에서는 2011년까지 미성년자에게 복수국적을 허용했으나, 2012년부터 허용하지 않게 되었다. 이에 따라 아이가 몽골 국적을 취득하기 위해서는 한국 국적을 포기해야만 한다. 귀환이주여성과 그 자녀가 겪는 문제는 바로 여기서 발생한다. 한국 국적을 포기하려면 아이 아버지의 동의가 필요하기 때문이다. 한국에 있는 아이의 아버지가 한국 국적 포기에 동의하지 않거나, 아예 연락할 길이 끊기는 경우도 많다. 연락이 끊기면 아이의 한국 국적 포기뿐만 아니라 한국 여권을 갱신하는 데도 어려움을 겪는다.

아이의 아버지가 국적 포기에 동의하지 않는 경우라면 양육에 대한 책임을 나누어야 마땅할 것이다. 그러나 귀환이주여성이 양육비를 받는 경우는 거의 없다. 인터뷰에 응한 여성들 중에서도 한국의 아이 아버지에게서 양육비를 받고 있다고 말하는 사람은 아무도 없었다. 오히려 여성들은 양육비를 받을 수 있는 방안이 있는지를 궁금해했다.

문화나 사회적 시선의 문제로 발생하는 어려움도 있다. 특히 함께 귀환한 자녀의 한국식 이름은 아이가 자라며 정체성 혼란을 겪거나 친구 등 주변인들과 거리감이 생기는 요인이 되고 있다. 자녀가 계속 몽골에 살고 싶어 한다면 몽골 국적을 취득하는 것과 더불어 몽골식 이름을 갖는 것이 무엇보다 중요하다고 귀환이주여성들은 말한다.

몽골에서 자란 한국 국적의 아이가 성인이 되면

한국 국적을 가진 자녀가 성년이 되면 귀환이주여성들은

또 다른 고민에 직면한다. 자녀의 미래를 위해서 한국에 보내야 하는지, 한국 국적을 가진 채 몽골에서 계속 살게 해야 하는지에 대한 고민이다. 자녀를 한국에 보내고 자녀를 따라 한국에 가서 일할 수는 없는지, 그래서 아이와 헤어지지 않고 살 수 있는 길은 없는지 고심한다.

이제 성년이 된 영이는 마지막 고민에 해당하는 경우다. 몽골인 엄마와 한국인 아빠 사이에서 태어난 영이는 여덟 살 때 엄마를 따라 몽골에 왔다.

영이 엄마 브이 씨는 스물여섯 살이었던 1999년에 몽골에서 한 중개업체의 소개로 한국 남자와 결혼하며 한국에 왔다. 2001년에 임신을 했는데 입덧이 심해 몽골에 와서 딸 영이를 낳았다. 영이가 태어날 때 몽골에 온 남편은 병원에서 퇴원 수속을 밟고 아이 여권을 발급하는 등 필요한 서류도 착실히 준비했다. 출산 후에는 남편이 먼저 한국에 들어가고, 3개월 후 브이 씨가 딸과 함께 한국에 들어갔다.

그러나 브이 씨는 결혼 초기부터 많은 스트레스를 받았다. '남편 말에 순종해야 한다' '내 말을 따라야 한다'고 강요하며 툭하면 소리를 지르는 남편 때문이었다. 영이가 두 살 될 무렵 어린이집에 보냈는데, 그조차 남편의 허락을 받아야 했다. 딸을 어린이집에 보내기 위해 브이 씨는 공장에 다니며 돈을 벌었고, 그 돈으로 어린이집 비용을 내고 나머지는 생활비로 충당했다. 그러나 결정적으로 몽골로 돌아가겠다고 마음먹은 이유는 남편이 딸에게 가하는 폭력 때문이었다.

참을 수 없었던 폭력 때문에
선택한 귀환

영이는 한국에서 사는 8년 동안 아빠한테 많이 맞았다. 1년 남짓한 모유 수유에 왜 그렇게 오랫동안 젖을 먹이냐며 화를 내던 남편의 폭력성은 기어이 아이에게도 이어졌다. 영이가 서너 살이 되었을 땐 울면 운다고 뺨을 때렸고, 취학 전인 어린 영이에게는 한국어를 공부하라며 때렸다. 초등학교 입학 후에는 수학을 가르치다가 못한다고 때렸다. 영이의 뺨과 손바닥, 머리에는 상처가 아물 날이 없었다. 공사 현장에서 일용직으로 일해 굳은살이 많고 거친 손, 그 손에 맞은 영이는 코피가 나고 멍이 들었다. 폭력 때문에 받는 스트레스로 아이에게는 탈모 현상까지 생겼다.

브이 씨는 자신의 부모에게 한 번도 맞은 적이 없었다. 몽골에서도 아동학대를 목격한 적이 없었기 때문에 남편의 폭력에 성말 큰 충격을 받았다. 왜 경찰에 신고하지 않았는지 묻자 브이 씨는 한국에서는 원래 아이를 그렇게 훈육하는 줄 알았다고 말했다. 한번은 공중전화로 여성긴급전화(1366)에 연락한 적이 있는데, 애 아빠가 아이를 학대하고 있다고 이야기해도 별 반응이 없었다는 것이다. 그때부터 브이 씨는 한국에선 이런 일이 문제가 되지 않나 보다, 생각했다고 한다.

딸을 때리지 말라고 말릴 때 남편은 "(나랑) 살기 싫으면 너 가라. 딸은 두고"라며 옥박질렀다. 딸을 두고 가라는 말에 참고 또 참고 살았다. 그러다 더 이상 참을 수 없게 됐을 때 브이 씨는 영이를 데리고 몽골에 왔다. 2008년이었다.

그러나 브이 씨는 몽골의 가족들에게도 남편이 딸을 학대했다는 말은 차마 하지 못했다. 부모님이 충격을 받고 너무 속상해할까봐, 그녀는 몽골에 와서도 한국의 결혼생활에서 겪은 일들을 다 얘기하지 못했다.

몽골에서 미등록자가 된
한국 국적의 영이

영이네 가족은 지금 외할아버지와 외삼촌 그리고 엄마 이렇게 네 식구가 함께 살고 있다. 브이 씨는 아버지의 사업을 도우며 생활비를 받고 있다. 지금 영이의 국적은 한국이지만 엄마가 몽골 사람이고, 몽골에서 태어나 출생신고를 했기 때문에 영이는 몽골 영주권을 갖고 있다.

앞서 이야기한 것처럼 몽골에서는 2012년부터 복수국적을 허용하지 않게 되었다. 이에 따라 2012년 이전 출생으로 복수국적을 가진 아이들은 만 16세가 되면 한국 국적과 몽골 국적 중 하나를 선택해야 한다. 영이 아빠는 영이가 몽골 국적을 선택하는 데 동의하지 않았다. 올해로 만 18세가 된 영이는 벌써 2년째 미등록 상태로 거주하고 있다.

영이 아빠는 가끔 영이에게 전화를 걸어와서는 스무 살이 되면 한국에 돌아오라고 말한다. 얼마 전 걸려온 전화에서도 방학 때 한국에 와서 아르바이트를 하고 가라고 했단다. 여덟 살에 몽골에 온 이후로 한 번도 한국에 간 적이 없는 영이는 한국에 가고 싶은 마음도 있지만 아빠한테는 가고 싶지 않다. 어릴 적 맞은 기억이 생생하기 때문이다. 지금도 영이는 가끔 브이 씨에게 묻는다. "어쩌다가 이런 사람하고 결혼했냐고. 왜 결혼했냐고, 어떻게 만났냐고."

어려서는 계속 몽골에서 살고 싶어 했던 영이지만, 지금은 한국에 가서 살아보고 싶은 마음도 있다. 영이는 몽골어 기초 학습을 제대로 받지 못했다. 몽골 영주권이 있어 고등학교까지 다닐 수 있었지만 성적은 우수한 편이 아니었다. 고등학교 졸업하고 뭘 할 수 있는지 모르겠다고, 브이 씨는 걱정이 많다. 영이의 한국어 실력은 만화나 영화를 볼 수 있는 수준이고, 말하는 것보다 듣는 것을 잘한다.

브이 씨가 원하는 것은 남편과 법적으로 이혼하고 영이와 함께 사는 것이다. 또한 몽골이든 한국이든 상관없이 아이가 원하는 곳에서 살 수 있기를 바란다. 만약 영이가 한국에 가서 살고 싶어 한다면 브이 씨도 비자 걱정 없이 몽골과 한국을 오가며 딸을 보면서 살 수 있었으면 한다. 영이 아빠의 간섭 없이, 한국에서 딸과 함께 합법적으로 거주할 수 있길 바라고 있다.

영이가 한국에서
엄마와 함께 살 수 있으려면

영이가 원하는 바도 브이 씨와 마찬가지다. "몽골이 됐든 한국이 됐든 엄마랑 살고 싶어요. 아빠하고는 관계를 끊고 싶어요. 물론 쉽지 않겠죠. 아빠도 관계를 끊는 건 안 된다고 할 것 같아요. 엄마 아빠가 이혼을 하면 끊을 수 있지 않을까요?"

하지만 한국의 법제상 영이의 기대가 실현되기는 쉽지 않다. 부모가 이혼하더라도 아버지는 여전히 친권을 가질 것이다. 범죄로 기소돼 법원에서 자식들에게 접근하지 말라는 판결문을 받기 전에는, 아무리 나쁜 아빠라도 영이의 희망처럼 관계를 완전히 끊을 수는 없다.

이제 영이는 몽골에서 산 지 10년 정도 되어 친구들하고 몽골말로 얘기하며 같이 어울리는 것이 재미있고, 경제적으로도 그렇게 힘든 편이 아니다. 하지만 한편으로 아버지와의 관계 문제만 아니라면, 영이는 "한국 문화와 네일아트 등에 관심"이 많아 "한국에서 아르바이트라도 할 수 있지 않을까" 하는 기대를 버리지는 않고 있다. 영이는 한국에서 살아보고 싶은데, 엄마랑 떨어져서 혼자 살고 싶지는 않다고 했다.

초국적 자녀 양육을 위한
제도적 장치

영이의 바람이 이뤄지려면, 현실적으로 다음의 두 가지 문제가 해결되어야 한다.

첫째, 영이의 부모가 법적으로 이혼해야 한다.

둘째, 이주자인 엄마와 같이 살 수 있는 법적 틀이 마련되어야 한다.

한국 국적의 영이가 한국에서 살기를 선택하고 또 엄마와 헤어지고 싶지 않다면, 성년이 되어 엄마를 초청할 수는 있다. 그러나 이때 나오는 비자는 3개월 단기체류 비자로 브이 씨가 몽골과 한국을 왔다 갔다 하며 지낼 수밖에 없다. 만약 영이가 한국에서 결혼해 아이를 낳을 경우, 아이를 돌보는 조건으로 장기체류를 할 수 있긴 한데 그건 먼 이야기다. 영이의 경우처럼 성년이 된 한국 국적의 자녀가 한국에 올 경우 그 가족이 장기적으로 함께 체류할 수 있는 길이 열려야 한다.

유엔 이주노동자권리협약에는 '가족결합권'이 있다. 합법 체류 여부를 떠나서 가족들이 함께 살 권리를 인정해야 한다는 내용이다. 한국은 이 협약을 비준하지 않고 있으므로 이주자의 가족결합권이 인정되지 않는 사회다. 한국 국적을 가진 귀환이주여성의 자녀가 한국에 돌아오려 할 때, 엄마와 같이 살 수 있는 가족결합권은 인정되어야 하지 않을까?

귀환이주여성들이 초국적 자녀 양육 문제는 결코 쉬운 일이 아니다. 영이처럼 몽골에서 태어난 경우라면 몽골 영주권을 받아 살아갈 수 있지만, 한국에서 태어나 한국 국적을 가진 자녀는 최소한의 사회보장제도로도 보호받지 못해 어려움이 많다. 또한 귀환이주여성의 자녀가 그 사회에서 성장하며 살아가기 위해서는 한국인 아버지로부터의 양육비 지원도 법적으로 보장되어야 한다. 한국인 부부의 경우에도 이혼 후 실제 양육비 이행이 되지 않는 경우가 많은 현실을 볼 때, 타국에 있는 자녀에 대한 양육비 지급이 법적 강제 없이 제대로 이뤄질 수 있을

지는 말할 것도 없다. 이에 따라 귀환이주여성 자녀의 국적 변경에 관한 제도를 개선하는 것은 물론, 한국에서 2015년부터 시행된 「양육비 이행확보 및 지원에 관한 법률」을 국외 자녀에게까지 확대 적용할 필요가 있다. 귀환이주여성들의 초국적 자녀 양육을 위한 제도적 장치 마련이 시급하다.

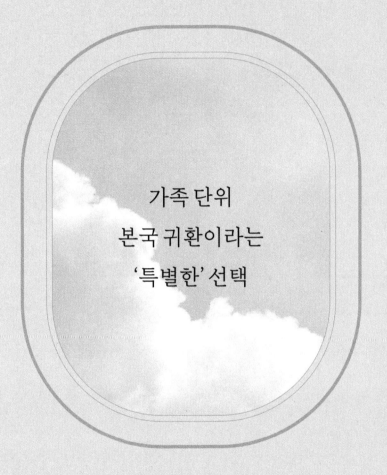

가족 단위

본국 귀환이라는

'특별한' 선택

글 | 한국염, 한국이주여성인권센터 전 상임대표

현지에서 귀환이주여성들을 만나 인터뷰하면서 새삼 '귀환'이
란 얼마나 어렵고 복잡한 일인가를 생각하게 된다. 얼마간의 기
간만 돈을 벌고 돌아올 거라 계획하고 떠났던 여성 이주노동자
의 경우조차 막상 귀한 후 재정착하는 과정이 쉽지 않다.

낯선 사회로의 이주는 아무리 단기간이라 하더라도 예기
치 못한 상황과 위험을 동반한다. 또한 본국으로 돌아온 이후에
도 문제는 계속된다. 외국에서의 노동으로 꾸준히 본국으로 보
낸 송금은 가족의 생활비나 학비, 의료비로 쓰이는 경우가 대부
분이라 돌아와도 모아둔 돈이 없는 경우가 많다. 귀환 후 본국
에서 일자리를 찾는 것 또한 여전히 어려운 상황이다.

그뿐 아니라 이주 이후 본국의 가족, 지인들과 유대관계가
끊어지거나, 돈을 보내는 동안은 소득 주체로서 가족 내 지위가

향상되지만 돌아왔을 때는 오히려 그 지위가 하락하기도 하고, 이주의 기간이 긴 경우 타국살이에 익숙해져서 본국에서의 재통합이 어려워지기도 한다. 이처럼 여러 이유로 본국에서의 적응이 쉽지 않고 특히 경제적 문제에 봉착하다 보니 또다시 다른 나라로 떠나게 되는 '이주의 악순환'이 발생하는 것이다.

이에 따라 이주노동자들이 안정적인 귀환을 할 수 있도록 지원하는 활동이 국내에서도 지난 십수 년간 진행되어오고 있다. 수입의 일부를 미래를 위한 투자금으로 저축하고, 가족들과 꾸준히 소통하고, 본국에 돌아가서 무엇을 할 것인지 계획을 세우는 등 '행복한 귀환을 위한 준비'를 돕는 것이다.

그렇다면 결혼이주여성들의 경우는 어떨까? 여성 이주노동자들도 귀환에 어려움을 겪는데, 한국에서 남은 생을 살 거라 생각하고 이주하는 결혼이주여성들에게는 사실상 '귀환 준비'라는 말이 성립조차 되지 않는 게 현실이다. 귀환한 결혼이주여성들은 본국으로 돌아간다는 생각은 하지도 못하다가 사기 결혼이나 가정폭력, 체류자격 문제, 문화충돌 등 돌발 변수로 갑작스럽게 귀환한 경우가 많다. 엄청난 충격과 난관에 빠지는 것은 어쩌면 당연한 일이다.

그런데 뜻밖에도 몽골에서 '안정적인 귀환'을 한 결혼이주여성을 만났다. 2018년 5월 가족 모두와 함께 몽골로 귀환한 소마 씨였다. 그녀의 귀환은 일찌감치 본국으로 돌아갈 준비를 착실히 한 뒤라 그 과정이 어렵지 않았다고 했다. 조사팀을 만난 낭시에도 더 안정된 정착을 위해 발판을 다지고 있었다.

몽골에 가서 살고 싶었던
소마 씨의 귀환 준비

소마 씨는 몽골에 왔던 한국인 남성과 우연히 만나 사귀다
가 결혼을 했다. 당시 남편은 관광도 하고 사업을 위한 조사도
할 겸 몽골에 와 있었고, 소마 씨는 한국어 학원을 다니고 있던
터라 두 사람의 의사소통에는 문제가 없었다. 2년 정도 연애 후
결혼한 소마 씨는 한국에서 아이를 낳고 살았지만, 둘째를 낳고
나서는 몽골에 들어와서 두 아이가 네 살, 세 살이 될 때까지 살
았다. 그러다가 아이들 진학 문제를 고려해 다시 한국에 갔다.

소마 씨는 한국에서 살 때도 몽골에 돌아가서 살 거라는 말
을 입에 달고 다닌 터라 한국 국적을 취득하지 않고 몽골 국적
을 유지했다. 대신 한국 영주권을 갖고 있다. 자녀들은 한국 국
적이지만, 엄마가 몽골인이라서 자동으로 몽골에서의 영주 자
격을 얻었다(2018년 7월 1일부로 몽골의 법이 바뀌면서 이제 5년마
다 연장신청을 해야 한다).

지금으로부터 약 15년 전인 결혼 초기, 한국에서 살 때 소
마 씨는 예상치 못한 어려움을 겪었다. 바로 시어머니와의 갈등
이었다. 양가는 분가해서 살았지만, 시어머니는 같이 살고 싶어
했다. 그러나 모계문화권에서 온 소마 씨는 시어머니와 함께 살
생각이 없었기 때문에 반대했고 합가는 이뤄지지 않았다.

7년 전 시어머니가 암으로 돌아가신 이후, 소마 씨는 남편
에게 몽골에 가서 살고 싶다고 말했다. 남편은 한국에서 식자재
사업을 하면서 몽골에서의 관련 사업도 소마 씨와 함께하고 있

던 터라 가족의 몽골행을 반대하지 않았다. 오히려 적극적으로 나섰다. 아이들이 몽골에 가서 사는 데 거부감이 없도록 귀환을 준비하기 3~4년 전부터 '나중에 엄마의 나라 몽골에 가서 살자'며 계속해서 얘기하는 역할도 남편 몫이었다.

소마 씨의 자녀들은 서울글로벌센터에서 운영하는 주말 몽골어 학교에 다니며 매주 토요일에 두 시간씩 몽골어를 배웠다. 몽골 출신 이주여성들이 몽골 대사관에 요청해 몽골어 교실을 만든 곳이었다. 아이들은 1년 반 정도 열심히 주말 몽골어 학교에 나갔다. 소마 씨도 함께였다. '엄마도 안 가면서 왜 우리를 보내느냐' '학교 공부도 힘들다'는 아이들의 성화를 당해낼 수 없어서였다.

가족 귀환의 배경

소마 씨는 그렇게 남편과 아이들과 함께 귀환 준비를 마치고 2018년 5월 몽골에 돌아왔다. 자녀들은 몽골에 오자마자 3개월 동안 몽골어 학원을 다녔다. 귀환 시기를 5월로 정한 것도 9월에 새 학기가 시작되는 아이들의 학교 일정에 맞춘 것이었다. 아이들이 몽골어를 배웠다고 해도 학교 수업에 적응하는 것은 또 다른 문제지만, 그래도 아이들은 곧잘 따라가고 있다. 제일 좋아하는 과목은 언어에 상관없이 숫자로 배우는 수학이고, 역사도 재밌어한다. 가장 싫어하는 과목은 역시 몽골어다. 국어 수업이 제일 어렵단다.

남편은 식자재 사업 때문에 몽골과 한국을 왕래하며 지내는 중이다. 3년 정도 뒤에 몽골에서의 사업이 자리를 잡으면 완전히 정착할 계획을 가지고 있다. 일단은 남편도 몽골어를 능숙하게 할 수 있어야 하니까 몽골어를 열심히 배우고 있다.

　　소마 씨는 한국에서도 일을 했고, 몽골에서도 일을 하고 있다. 다른 나라에서 식자재 수입을 하던 고모의 일을 도운 것이 시작이었다. 고모는 소마 씨가 한국에 있을 때 한국 물건을 구입해달라고 부탁하곤 했다. 소마 씨는 대리점 몇 군데와 계약해서 식자재를 보내기 시작했는데, 그 양이 많아지자 직접 무역회사를 차렸다. 식자재를 제조하는 한국 회사와 직접 계약을 맺고 몽골에 수출하는 일을 시작한 것이다. 사업의 규모가 커지면서 몽골로의 귀환 준비도 적극적으로 시작할 힘을 얻었다.

　　몽골 쪽 회사 대표는 소마 씨의 둘째 고모부가 맡고 있고 한국 쪽은 소마 씨 부부가 맡고 있다. 소마 씨는 한국에 있을 때 자신이 몽골과 연관된 일을 하지 않았더라면 갑자기 아이들을 데리고 몽골로 귀환하지는 못했을 거라고 말한다. 한국에 있을 때부터 중간중간 일 때문에 몽골에 오고 갔고, 자녀들을 몽골에 보내기도 하면서 몽골과 계속 연결되어 지내다 보니 이를 토대로 큰 어려움 없이 귀환할 수 있게 되었다고 생각한다.

　　소마 씨와 남편의 평등하고 안정적인 관계도 귀환의 중요한 바탕이 되었다. 남편은 몽골에서 결혼이민자로 외국인 신분이며, 몽골인의 배우자 자격으로 1년씩 체류연장을 해야 한다. 소마 씨는 가끔 남편에게 농담조로 이제 자신에게 잘 보이지 않으면 체류연장이 안 될 수 있다며, 오늘 싸우면 내일 체류연장을 안 해줄 거라고 말한다는데 남편은 그 말이 너무 웃기단다. '권력 이동'이라고. 한국에서와 반대 입장이 됐으니 말이다.

아이들에게 평소 몽골에 관한 이야기를 들려주면서 교육한 것도 자녀들과 마찰 없이 귀환할 수 있었던 배경이다. 소마 씨 부부는 아이들에게 "이래가지고 몽골 가서 살겠니?"라고 말하면서, 아이들이 앞으로 몽골에 가서 살 것처럼 자연스럽게 말해왔다. 한국에 있을 때도 몽골 음식을 만들어 먹곤 했다. 아이들은 몽골에 와서도 이것저것 다 잘 먹는 편이다. 또 아이들의 여름방학마다 몽골에 오는 것을 반복한 덕분에 귀환 후에도 크게 문제가 될 만한 문화적 갈등이 없다.

아내의 나라 몽골로 이주한
한국 남성들

몽골에 있는 제조업이나 식자재 관련 회사를 보면 한국에서 재료가 조달된 것들이 꽤 있다. 소마 씨에 의하면 그 일에 종사하는 몽골 여성들이 많은데, 4명 중 1명꼴로 남편이 한국 사람이라고 한다. 그중엔 소마 씨처럼 귀환해서 남편과 함께 몽골에서 사는 사람도 있고, 남편만 한국에 들어가 있는 경우도 있다.

소마 씨가 아는 여성들 중에는 한국 남성과 결혼해 한국에서 살다가 몽골에 들어와 남편과 같이 마트를 운영하는 사람도 있다. 남편이 아내를 따라서, 일을 따라서 몽골로 이주한 셈이다. 그러한 남편들의 모임, 즉 몽골 여성과 결혼한 한국 남성들의 모임도 있는데 모이면 약 열다섯 가족 정도란다. 남편들이 모여 사업 이야기도 하고 친교를 나누는 그 모임은 원화로 한 달에 2만 5,000원 정도 회비가 있으며, 친교에 그치지 않고 형 편이 어려운 가정에 화장실을 만들어주거나 몽골인 한부모 가 정의 집을 수리해주는 등 봉사활동도 하고 있다. 소마 씨의 남 편도 몽골에 정착하게 되면 그 모임에 나갈 계획이다. 남편들의 모임 외에도 아이들끼리 모여서 영화를 보거나 엄마와 아이들 끼리 나들이를 가는 모임도 있단다.

한국에 거주하는 몽골 출신 이주여성들 중에는 소마 씨를 부러워하는 이들이 꽤 있다. 많은 이주여성이 소마 씨처럼 본 국과 한국을 편하게 오가며 살고 싶어 하지만 이미 한국 국적을 취득해서 한국에 정착하기로 했다고 말한다. 가족과 함께 몽골 에 돌아가 살고 싶은 마음이 있지만 남편이 쉽게 따라줄 것 같 지 않아 시도도 못해보았다며 안타까워하는 친구들도 있다고 소마 씨는 말했다.

물론 소마 씨 가족에게도 어려움이 없지는 않다. 자녀들은 몽골과 한국 양쪽 다 모국으로 생각하기 때문에 복수국적을 가 질 수 있기를 바라지만 현재로서는 불가능하다. 지금은 소마 씨 부부의 아이들과 같은 경우에도 출입국 시 비자를 받아야 한다.

더 많은 소마 씨들의 준비된 귀환을 위해

소마 씨는 힘주어 말한다. "귀환하기 위해서는 준비가 필요하다. 준비해야 행복한 귀환을 할 수 있다." 안전한 귀환을 위해 준비가 필요하다는 사실을 부정할 사람은 없을 것이다. 그러나 현실적으로 귀환을 꿈꾸는 모든 결혼이주여성이 소마 씨처럼 준비된 귀환을 할 수 있는 건 아니다. 소마 씨의 경우는 상대적으로 특별한 경우에 속할 것이다. 남편과 연애해서 결혼했고, 서로 대등한 인격체로 존중하는 관계로 갈등의 소지가 적었다. 경제적으로도 여유가 있는 편이었으며 남편이 몽골의 사회와 문화 등에 대해 충분히 이해하고 있었다.

소마 씨 같은 귀환 사례가 아직까지는 '특별한 경우'로 여겨지는 것이 사실이다. 그러나 한국 여성과 결혼한 외국인 남성이 아내의 나라에서 살기도 하는 것처럼, 결혼이주여성들의 가족 단위 본국 귀환도 특별하지 않은 선택지가 될 수 있어야 한다. 이러한 귀환이 선택지 중 하나가 되기 위해서는 사회적으로 한국 남성과 결혼했으면 한국에서 살아야 한다는 고정관념을 불식시키는 인식 개선도 필요하다.

한국이주여성인권센터를 설립한 초기에 베트남 여성들과 결혼한 한국인 남편들에게 '배우자 나라 언어 배우기' 교실을 운영한 적이 있다. 처음 의도는 '부부가 사는데 왜 아내만 한국어를 배워야 할까, 남편도 아내의 나라말을 배워야 하지 않을까?' 하는 것이었다. 보다 나은 의사소통을 위해서 시작한 교육이었다. 그런데 몇 차례 수업이 진행되자 수업에 참여한 남편들은 노후에 아내의 나라에 가서 사는 것을 하나의 대안으로 꿈꾸기 시작했다. 실제로 베트남에 땅도 사고 가족이 함께 귀환할 준비에 들어가는 모습을 지켜보기도 했다. 그 모습을 보면서 이들의 귀환이 이루어지기 위해서는 한국 남성들의 인식 개선을 바탕으로 한 생활의 안정이 우선적이라는 생각도 하게 되었다.

관계가 평등하지 않고 생활이 불안정한데 가족 단위의 귀환을 하나의 선택지로 고려하기는 어렵다. 소마 씨의 자녀들이 복수국적 불허 문제로 불편을 겪는 것 또한 쌍방 국가의 법적 협력이 필요한 부분이다. 더 많은 소마 씨들의 '준비된 귀환'을 위해 우리 사회가 무엇을 뒷받침할 수 있을지 고민해야 할 때다.

2부

안전한 이주, 안전한 귀환을 위한 연대

한국에
돌아갈 수 있게 해달라는
어느 소년의 호소

글 | 이채희, 서울이주여성상담센터 센터장

한국의 다문화 사회 진입 과정은 시민들로부터 인식이 확산되거나 사회적 공감대가 형성되기 전에 갑작스럽게 진행된 경향이 있다. 다문화 정책이나 관련 법들 또한 충분히 논의되지 않은 채, '다문화'에 대한 공통이 이해에 도달하지 못한 채 시행되었다.

갑작스러운 다문화 사회로의 진입 이후, 2008년 3월 21일 「다문화가족지원법」 제정을 시작으로 전국에는 다문화가족지원센터가 활발하게 생겨났다. 2010년 159개소, 2020년 1월 기준으로 227개소가 운영될 만큼 다문화에 대한 국민적 관심은 높았다고 볼 수 있다. 그러나 다문화 사회의 이면에서 발생하는 인권 침해, 차별, 편견 문제는 그만큼 주목받지 못했다. 이런 상황이니 본국으로 돌아간 귀환이주여성들과 동반 아동은 완전히 가려진 존재일 수밖에 없었다.

우리가 현지에서 만난 귀환이주여성들은 대부분 경제적 빈곤에 대한 어려움을 호소하며 현재의 상황을 벗어날 수 있는 구체적인 해결책을 원했다. 자녀를 동반한 대부분의 귀환이주여성들은 한국에 합법적으로 다시 입국할 수 있길 원했고, 무책임한 아이 아버지에게 양육비를 받고자 했으며, 아이들에게 아버지를 찾아주고 싶어 했다.

당초 우리의 인터뷰나 현지조사가 그들에게 당장 어떤 도움을 줄 수 있으리라고 생각한 것은 아니었지만, 어려운 상황에 놓인 귀환이주여성들의 상황을 모른 척할 수도 없었다. 조사팀은 한국으로 돌아온 뒤 그들의 호소에 하나씩 하나씩 해결 방법을 찾아나가기 시작했다.

한국에서 태어나
필리핀에서 성장한 소년의 이야기

필리핀에서 한 여성을 만났다. 한국인 남편과의 사이에 자녀를 둔 여성들을 만나 인터뷰를 진행하던 중 아들과 함께 우리를 만나러 온 여성이 있었다. 어머니가 인터뷰를 하는 동안 내내 밖에서 기다리는 청소년이 마음에 쓰였다. 인터뷰가 끝난 뒤, 우리는 그를 만나보았다.

소년은 2001년, 돌이 되기 전 한국에서 필리핀으로 보내졌다. 아버지와의 갈등으로 결혼생활을 유지할 수 없었던 어머니가 돈을 벌기 위해 어쩔 수 없이 한 선택이었다. 그렇게 소년은 필리핀 외할머니 집에서 자랐다. 이후 어머니는 한국에서 미등록체류자 신분이 되었고, 출입국 단속에 걸려 필리핀으로 돌아왔다.

소년은 자라면서 자신이 태어난 '코리아'라는 나라, 그리고 무엇보다 얼굴도 모르는 아버지에 대한 궁금증과 그리움을 가지게 되었다. 소년이 16세가 되었을 때 한국에 있는 어머니 지인의 도움으로 태어나 처음 전화선을 통해 아버지를 마주했다. 그 이후 서너 번의 통화를 더 했지만 이내 연락이 끊겼다. 소년은 아버지와 연락이 닿지 않았던 15년의 시간보다, 짧은 연락 이후 아버지와 한국에 대한 그리움이 더 깊어졌다고 말했다. 아버지가 왜 연락하지 않는 건지 모르겠지만 그래도 직접 만나고 싶은 마음이 크다고 했다.

18년 만에 한국에 와서
주민등록증을 발급받다

조사팀이 한국으로 돌아온 뒤에도 그 소년이 잊혀지지 않았다. 가능한 일이라면 그의 바람을 이뤄주고 싶었다. 하지만 우리가 받은 정보는 소년의 어머니가 결혼생활을 했던 18년 전 당시 집 전화번호가 유일했다. 이미 오래전에 연락을 끊고 번호를 바꾼 아버지의 휴대폰번호는 더 이상 도움이 되지 않았다. 시간대를 달리하면서 약 한 달간 전화 연락을 시도하다가 드디어, 소년의 할머니와 연결되었다.

손자 이야기를 하자 할머니의 쿵 내려앉는 마음이 전화선 너머까지 전해졌다. 잠깐의 침묵이 흘렀다. 할머니는 우리 기관의 전화번호를 물으며 혹시나 번호를 잘못 받아 적었을까 두 번 세 번 거듭 확인한 후에야 전화를 끊었다. 그리고 그날, 소년의 고모에게서 연락이 왔다. 소년의 아버지는 아들의 입국을 원하지 않는다고 했지만 할머니가 돌이 채 되기 전 필리핀으로 보내진 손자를 죽기 전에 꼭 만나고 싶어 하신다며 간절한 마음을 대신 전해왔고, 우리에게 도움을 요청했다. 고모는 소년의 주민 등록증 발급통지서가 나왔다는 말도 덧붙였다. 그가 한국에서 태어났고 출생신고도 한국에서 되어 있었기 때문이다.

우리는 곧장 소년과 어머니를 한국에 초청하는 데 필요한 서류들을 준비하기 시작했다. 그 과정에서 많은 걸림돌이 있었지만 가족들의 적극적인 협조로 무사히 비자를 발급받을 수 있었다. 그렇게 모자는 한국에 입국했다. 우리가 필리핀에서 소년을 만나고 돌아와 지원활동을 시작한 지 두 달 만의 일이었다. 입국을 반대했던 아버지의 집 대신 모자는 고모의 집으로 향했고 할머니 역시 거동이 쉽지 않은 몸을 이끌고 딸의 집을 찾았다. 소소하게 이루어진 가족 상봉이지만 할머니의 마지막 바람이자 소년과 어머니의 오랜 바람이 이루어진 순간이었다. 이제 할머니는 더 이상 손자가 어떻게 자랐는지, 어떤 얼굴을 하고 있는지를 궁금해하지 않아도 되었다.

18년 동안 한국과 아버지를 수없이 그리워했지만 자신이 할 수 있는 일이 없어 무작정 기다리기만 했던 소년. 누군가의 도움과 관심만으로도 그는 가족을 만날 수 있었다. 소년이 가족을 만나는 데 필요했던 건 크게 어렵거나 많은 비용이 발생하는 일이 아니었다. 약간의 지원만으로도 18년 동안 이루지 못했던 일을 해결할 수 있다는 얘기다.

단기비자를 받아서 한국에 함께 방문한 그의 어머니는 현재 필리핀으로 돌아간 상황이고, 소년은 그가 원하던 대로 아버지의 집에서 생활하고 있다. 아마도 넉넉하지 못한 형편 때문에 아들의 입국을 반대했던 것으로 보이는 아버지는 서랍 속에 있던 주민등록증 발급통지서가 드디어 그 주인을 찾게 되어 기뻐하는 눈치였다.

인터뷰 이후,
10명의 귀환이주여성 지원기

조사팀이 처음 현지 인터뷰를 계획한 귀환이주여성들은 몽골과 필리핀에서 각각 6명, 태국에서 9명으로 총 21명이었다. 그런데 조사를 시작하자 한국에서 조사팀이 왔다는 소문을 듣고 인터뷰를 요청해오는 여성들이 계속 나타났다. 그렇게 몽골에서 6명, 필리핀에서 2명, 태국에서 4명이 추가되어 현지 인터뷰와 사후 인터뷰까지 합쳐 총 33명의 귀환이주여성을 만나게 되었다. 귀환이주여성 실태조사팀은 그중 경제적 지원이 필요한 경우 또는 지원이 불가능한 사례를 제외하고 총 10명의 귀환이주여성을 지원했다.

이들의 상담내용을 살펴보면, 이혼 및 혼인관계 정리(한국에서는 이혼하였으나 본국에서 이혼 처리가 되지 않은 경우, 본국으로 출국 당시 이혼하지 않았으나 그 이후 남편이 일방적으로 이혼을 한 경우 등)를 원하는 상담이 7건, 한국 입국을 희망하는 내용이 5건, 인지청구(양육비청구 포함) 4건, 배우자 연락 두절 1건으로 나타났다. 이러한 상담내용은 1명당 1건만은 아니었고 중복되는 경우도 많았다.

국제결혼의 경우 혼인신고와 이혼신고를 양쪽 나라 모두에서 해야 한다. 특히 이혼의 경우 한국에서는 이혼을 했더라도 본국에서 이혼신고를 하지 않으면 혼인 중인 것으로 간주된다. 본국에서 이혼신고를 하려면 한국에서의 이혼을 확인하는 서류가 필요한데 귀환이주여성들은 보통 그 서류를 발급받지 못해 본국에서의 이혼신고를 포기한다. 귀환 전 한국에서 이혼 후 본국 대사관에 바로 이혼신고를 하고 출국하는 방법이 있기는 하지만 대개 어쩔 수 없이, 급히 귀환을 선택하는 여성들의 여러 사정상 쉽지 않은 일이다.

상담내용의 사례를 좀 더 자세히 살펴보자. 이혼 및 혼인관계 정리를 원하는 사례는 본국으로 돌아간 여성이 재혼을 하고 싶어도 한국에서 법적으로 혼인이 정리되지 않은 상태라서 사실혼으로 생활하고 있는 경우였다. 특히 사실혼 상태에서 출생한 자녀의 출생신고를 하지 못하는 행정상의 문제에 대해서 어려움을 호소했다.

다음으로 한국 입국을 희망하는 경우는 크게 두 가지로 볼 수 있다. 첫째는 한국인과 혼인신고가 되어 있지만 배우자와 전혀 연락이 닿지 않는 경우다. 둘째는 혼인신고는 하지 않았으나 한국인 남성과의 사이에 자녀가 있고, 역시 남성과 연락이 닿지 않는 경우다.

인지청구 소송을 상담한 사례는 단기비자로 한국에 왔다가 한국 남성을 사귀었거나 본국에서 한국 남성을 만나 사귀다가 임신한 경우가 대부분이었다. 여성들은 현재 남성과 연락이 되지 않아 출산과 양육 모두 혼자서 책임지고 있으며, 경제적으로 더 이상 홀로 아이를 양육하기가 힘들다며 도움을 요청했다.

조사팀이 상담한 귀환이주여성들 중 혼인관계 정리와 인지청구 사례는 현재 무료 법률 구조를 통해 이혼소송과 인지청구 소송이 진행 중이다. 한국 남성과 연락이 두절된 대부분의 사례는 남성의 소재지를 찾고 있으나 개인정보 보호 정책과 지역적인 한계에 부딪혀 이러지도 저러지도 못하는 상황에 처해 있다.

귀환이주여성과 그 자녀를
왜 도와야 하느냐고 묻는다면

귀환이주여성 사례의 경우, 어느 한 지역에 국한되어 발생하는 문제가 아니며 내담자가 국내에 거주하고 있지 않아 특정한 지역의 기관이 지원하기엔 한계가 있다. 귀환이주여성들이 모두 수도권에 거주했던 것도 아니고, 때때로 상황을 파악하기 위해 그 지역으로 가야만 하는 일들도 생긴다. 실제로 전라남도 지역에서 지원한 한 사례의 경우, 귀환이주여성의 거주지가 전라남도였고 남편의 연락처도 있었지만 연락이 되지 않아 직접 그 주소지로 가서 확인하는 과정이 필요했다. 서울에 위치한 서울이주여성상담센터가 직접 전라남도까지 가기에는 한계가 있다. 이에 따라 전남이주여성인권센터로 도움을 요청했고, 전남이주여성인권센터 측에서 직접 해당 주소지로 찾아가 남편의 소재를 확인해주었다. 이처럼 현장에서 마주하는 문제를 해결하기 위해서는 지원단체의 전국적인 네트워크 또한 필수적으로 마련되어야 한다는 사실을 알게 되었다. 기존의 단체나 이주자·외국인 관련 기관이 가진 정보와 활동력의 연계만으로도 보다 효율적인 지원이 가능하다.

흔히 '복지 사각지대'라는 용어가 쓰이곤 한다. 미비한 법적 제도 때문에 제도적 지원을 받지 못하는 상황을 뜻하는 말이다. 이주여성을 지원하는 제도나 활동에 복지 사각지대가 있다면 바로 귀환이주여성과 그 자녀 들이다. 한국에서 거주하는 이주여성은 도움이 필요할 때 어떤 형태로든 지원을 요청하고 도움을 받을 가능성이 있지만, 귀환이주여성과 그 자녀 들은 어려운 상황을 호소할 곳조차 없는 경우가 대부분이다.

하지만 이주민들을 지원하면서 잦은 반발에 부딪히곤 한다. 그들은 우리의 활동이 선주민(한국인)들에게 때때로 피해를 준다고 주장하고(이혼 및 위자료 청구, 가정해체 조장 등), 한국에서도 도움이 필요한 사람들이 많은데 굳이 이주민을 도와야 하느냐며 이의를 제기한다. 그때마다 드는 생각은 '이주민과 선주민을 나누어 생각할 필요가 있을까' 하는 것이다. 그저 도움이 절실

한 사람들을 지원하는 것이고, 좀 더 취약한 위치에 놓인, 약자인 사람들 편에 서는 것뿐이다. 더구나 한국에서 겪은 문제 때문에 본국으로 돌아가고, 돌아가고 나서도 여전히 피해가 지속되고 있다면 그 책임은 당연히 한국 사회에 있을 것이다. 그렇다면 이 사회의 구성원인 우리가 관심을 가져야 할 일이 아닌가?

최근 서울이주여성상담센터를 찾는 내담자들은 한국 남성과의 사이에서 생긴 아이를 홀로 본국에서 출산하고 양육하는 여성들이 주를 이루고 있다. 아이 아버지를 찾아 양육비 등의 경제적 책임을 요구하기 위해서다. 한국인을 아버지로 둔 많은 아이들이 아버지의 무책임함으로 인해 열악한 환경 속에서 한국 국적을 취득하지 못한 채 힘겨운 삶을 살고 있다. 그러나 아버지인 한국 남성의 소재를 확인하지 못하면 양육비 및 인지청구 소송 모두 불가능하다. 어렵게 인지청구 소송을 통해 아이들이 한국 국적을 취득하고 양육비 지급 판결을 받는다고 하더라도 아버지가 양육비 지급을 이행하지 않으면 또다시 양육비이행청구 소송을 해야 한다. 즉, 지금의 제도로는 아버지 스스로가 책임감을 가지지 않는 이상 정기적으로 양육비를 받기란 정말 어려운 일이다.

최근 「양육비 이행확보 및 지원에 관한 법률」이 강화되고는 있지만 귀환이주여성들에게는 큰 도움이 되지 못한다. 한국에서 별도의 지원을 하지 않는다면 귀환이주여성 혼자의 힘으로 소송을 제기하기란 사실상 불가능하기 때문이다. 따라서 양육비 지급에 관한 정부 차원의 제도적 보완 이외에도 국제이혼 관계에서 발생하는 문제들을 해결할 수 있도록 지원하는 대책이 마련되어야 한다.

귀환이주여성들을 지원하기 시작하자마자 상담 요청은 봇물 터지듯 밀려왔다. 하지만 다른 여건이 마련되지 않는 한 현실적으로 현재 활동가들이 기존에 하던 일에 추가하는 식으로 계속 상담하고 지원하기는 어려운 상황이다. 아버지를 만나고자 했던 필리핀에서 성장한 소년의 사례에서 보듯이 이들을 지원하는 데는 사실상 많은 예산이 필요하지 않다. 정부와 지자체가 지원방침을 정하고, 기존에 있는 이주·다문화·외국인 관련 기관들을 중심으로 귀환이주여성들을 도울 수 있는 창구를 마련하는 데서부터 시작할 수 있다. 사각지대에 놓인 귀환이주여성과 동반 자녀들의 인권을 보호하는 일이 '다문화 사회'를 전망하는 한국 사회의 과제에서 누락되지 않길 바란다.

국경을 넘는
여성들의 삶을 위한
징검다리

글 | 한국염, 한국이주여성인권센터 전 상임대표

어려운 일을 당하거나 힘든 상황이 닥치면 누구에게나 기댈 언덕이 필요하다. 결혼을 통해 한국에 왔지만 여러 사정으로 본국으로 돌아간 아시아 각국의 귀환이주여성들과 만나면서, 과연 이들이 어려운 일을 겪었을 때 가족과 친지 외에 기댈 수 있는 언덕이 있을지 궁금했다. 한국에는 결혼이주여성들이 살면서 문제를 겪을 때 지원을 요청할 수 있는 기관들이 있다. 이주여성인권센터나 다문화가족지원센터 등이다. 그렇다면 몽골의 귀환이주여성들이 본국에 재적응하는 과정에서 힘겨운 일을 겪을 때 어디서 어떤 지원을 받을 수 있을까.

조사팀은 몽골에서 여성을 위한 기관들을 방문했다. 그중에서도 국제결혼을 한 몽골 여성들의 인권 침해나 인신매매성 이주가 발생하는 문제에 적극적으로 대응하고 있는 곳은 몽골젠더평등센터Mongolian Gender Equality Center였다.

몽골젠더평등센터는 주로 성범죄 피해자들을 지원하는 단체로, 중국과 인접한 국경지대에서 발생하는 인신매매에 대응하는 활동도 하고 있다. 최근에는 한국 정부의 국제개발협력사업의 일환으로 몽골 보건복지부의 위탁을 받아 '아동 성매매' 방지사업을 진행 중이다. 무엇보다 몽골젠더평등센터는 한국 여성가족부의 지원으로 예비 결혼이민자를 대상으로 한국에서의 생활에 도움을 주는 교육 프로그램을 진행한 적이 있다. 한국에서 쫓기듯 귀환한 몽골 여성들이 도움을 요청하는 곳도 이곳이었다.

2017년 중단된 한국 정부 지원
'예비 결혼이민자 교육'

한국에서는 최근 십수 년간 국제결혼이 증가함에 따라 결혼이주여성들이 처하는 열악한 상황들이 가시화되기 시작했다. 2007년, 베트남 출신 결혼이주여성 후인마이 씨가 한국에 입국한 지 한 달 만에 한국인 남편에게 살해당하는 사건이 발생했다. 이 사건을 계기로 여성가족부는 국제결혼에서 발생하는 폭력과 인권 침해 문제를 줄이기 위해 2008년부터 아시아 현지의 예비 결혼이민자를 대상으로 사전교육을 실시했다.

한국 정부는 '본국에서 한국인과 결혼했으며 현지 대사관으로부터 비자를 발급받아 한국에 입국하기를 기다리는 외국인'을 '예비 결혼이민자'라고 부른다. 여성가족부는 이들을 대상으로 한국에서 알아두어야 할 생활문화와 법 등에 관한 정보를 제공하는 사전교육 프로그램을 진행했다. 여성가족부가 이 프로그램을 하게 된 이유는 베트남 예비 결혼이민자를 대상으로 사전교육을 실시하면서 밝힌 목적과 기대에 잘 드러나 있다.

"결혼이주 예비자를 비롯한 베트남 여성들에게 인신매매적 국제결혼에서 발생하는 문제점, 한국 사회의 문화와 언어, 각종 지원 프로그램에 대한 정확한 기본 정보를 미리 제공함으로써 이주를 안정하게 돕고 자신의 삶을 스스로 준비할 수 있는 역량을 강화한다." (한국염, 《우리 모두는 이방인이다》, 한울, 2017, 137쪽에서 재인용)

이 같은 사전교육 프로그램은 일차적으로 베트남, 필리핀, 몽골 세 나라에서 시작되었다. 몽골의 경우 몽골젠더평등센터에 위탁하여 실시했고, 이 교육을 통해 몽골의 예비 결혼이민자들은 한국에서 배우자에게 폭력을 당했을 때 지원을 요청할 수 있는 다누리콜센터(1577-1366)도 안내받았다. 그러나 여성가족부는 2017년, 몽골에서의 사전교육 프로그램을 중단했다. 몽골 출신 결혼이주여성 숫자 대비 예산에서 효율성 문제가 제기되었기 때문으로 보인다.

조사팀은 몽골젠더평등센터를 방문해 사전교육 프로그램의 시작부터 종료까지 10여 년 동안 사업 총괄을 맡았으며 현재도 활동 중인 히식 바이얏 활동가와 대화를 나누었다. 그는 한국 정부의 지원이 끝나 더 이상 예비 결혼이민자 사전교육을 진행하지 않지만, 도움을 요청하며 찾아오는 여성들을 외면할 수 없어 지원을 계속하고 있다고 말했다. 몽골젠더평등센터 부설기관 믿음의전화를 통해 도움을 요청하는 여성들을 상담하고 있으나 예산 부족으로 한계에 직면한 상황이라는 말도 덧붙였다.

한국과의 연결고리가 필요하다

히식 바이얏 활동가의 말에 따르면 1990년대 후반부터 2007년까지 몽골에서는 매년 약 500~600명의 여성이 한국인과 결혼해 한국으로 이주했다. 이는 몽골에서 국제결혼을 한 사람 중 90%에 해당하는 숫자다. 지금도 몽골인의 국제결혼 상대국 비율은 한국이 1위를 차지하고 있다. 한국 정부의 지원사업으로 사전교육 프로그램을 진행한 2008년부터 2017년까지는 결혼이주가 급격히 감소했다. 2017년 통계에 의하면 연간 80명 정도로 확 줄었다. 몽골의 상황을 이해하기 위해 우리는 히식 바이얏 활동가와 인터뷰를 진행했다.

Q. 몽골 여성들이 한국 남성들과 국제결혼을 하는 이유는 무엇인가?

A. 2000년대 초반 한국 드라마를 통해 한류 바람이 불면서 '나도 한국에 가면 살 수 있겠다'고 생각해 결혼이주를 선택하는 경우가 많았다. 경제적인 이유만은 아니고 사회적·문화적 이유도 포함될 것이다. 사실 지리적으로 중국이

더 가깝지만, 역사적인 관계 때문에 몽골 사람들이 중국보다 한국을 선호하는 경향도 있다.

Q. 몽골 여성들이 한국 남성과 국제결혼을 하기 시작한 것은 1990년대로 알고 있다. 초창기 결혼이주 현상과 지금의 차이는 무엇이라고 보는가?

A. 몽골이 경제적으로 여유가 생기면서 한동안 국제결혼을 하는 사람들 수가 줄었다. 그러다 최근 일자리가 줄어들면서 다시 조금씩 증가하는 추세다. 이러한 추세는 몽골에서 30~40대 비혼 여성이 늘고 있는 현상과도 관련이 있다. 몽골 여성의 교육 수준은 몽골 남성보다 높은 편이다. 여성들이 쉽게 결혼하지 않는 이유 중 하나다. 또 몽골 남성들이 해외이주를 선택하는 경우가 많아서 결혼 상대 자체가 적기도 하다. 이렇다 보니 최근 30~40대 여성들이 국제결혼을 선택하는 경우가 생긴다. 특히 한국인과 국제결혼을 많이 하는데, 그 이유는 초창기 결혼이주 현상과도 관련이 있다. 친구나 가족 중에서 1명쯤은 한국 사람과 결혼한 사람이 있을 정도다 보니 이 네트워크를 통해서 한국 남성과 만나는 경우도 많다. 길이 열려 있는 셈이다. 최근 한국인과의 국제결혼이 증가하는 현상은 울란바토르(몽골 수도)에서 특히 강세다. 도시이다 보니까 정보가 많아 울란바토르의 여성들은 한국에 대해 잘 알고 있다. 한국 사람과 결혼하고 싶다는 여성들도 많다.

Q. 몽골 여성이 한국 남성과 국제결혼을 하는 과정은 어떻게 이뤄지는가?

A. 단연 중개업이 대세다. 한국에 갔다가 한국 사람을 만나 결혼하는 사람도 있지만, 중개업을 통한 결혼이 대부분이다. 중개업체들은 불법인데도 불구하고 몽골에서 굉장히 활발하게 운영되고 있다. 국제결혼 광고가 불법이지만 이들은 신문에 광고를 싣는다. 아주 작게 '한국 남성, 몇 살' 이렇게 적어 광고를 하는데, 한국 남성이 직접 광고를 낸 줄 알고 연락하면 중개업체들이 받아 호객 행위를 하는 식이다.

한편으로 한국인과 결혼한 몽골 여성들이 한국인 중개업자들과 결탁하여 자기 고향의 여성들을 알선하기도 한다. 한국 남성과 만남을 주선하지만 사기나 폭력 등의 문제가 발생했을 때는 발을 뺀다. '왜 이런 사람을 소개했는지' 물으면 '네가 선택한 것'이라는 식으로 책임을 회피하는 것이다.

Q. 중개업체가 불법이라면 징역이나 벌금 등 처벌받는 사례가 있는지 궁금하다.

A. 벌금 등의 처벌은 피해자가 중개업체로부터 입은 피해를 입증해야 가능한데, 중개업체들이 여전히 비밀스럽게 움직이고 있어서 증거를 잡기가 어렵다. 피해자가 신고하더라도 아무 성과가 나오지 않고 있다.

Q. 귀환한 몽골 여성에 대한 사회의 인식은 어떠한가?

A. 몽골 사회 분위기가 굉장히 보수적이라 한국 남성과 결혼했다는 사실을 숨기는 이들이 많다. (몽골에서 만난 귀환이주여성들 중에는 아버지에게도 한국 남성과 결혼한다는 사실을 알리지 않은 채 취업 등의 다른 이유를 대고 한국에 갔던 경우도

있었다.) 이러한 분위기에서 귀환한 여성들은 더더욱 따가운 시선을 받게 된다. 친척들이 '너는 한국 남자와 결혼했으면서 왜 돌아왔냐'며 귀환을 부정적으로 받아들이는 경우도 있다. 외국인과 결혼한 여성을 바라보는 사회의 부정적인 시선은 상담 과정에서도 걸림돌이 된다. 내담자에게 모든 정황을 상세히 알아야 정확한 상담을 해줄 수 있다고 말하면 그제야 자신의 이야기를 솔직히 털어놓는다.

Q. 믿음의전화로 연락해오는 한국에서의 귀환이주여성들은 주로 어떤 문제를 상담하는가? 지원에 어려움은 없는지?

A. 이혼에 대한 문의가 제일 많다. 그 외에는 한국에서 가정폭력 피해를 입었거나 함께 귀환한 자녀가 미등록으로 체류하고 있는 문제 등이 있다. 대면하여 상담해보면 문제가 아주 다양하고 복잡하며 심각하다. 귀환한 지 10년, 20년이 지나도록 이혼 문제를 해결하지 못하고 사는 경우도 있다. 폭력 등의 문제로 집을 도망쳐 나온 여성이 몽골로 귀환해 한국인 남편과 이혼하려 할 경우 특히 어려움이 많다. 한국 남편에 대한 정보도 거의 없고, 정보를 알고 있더라도 이혼 연락에 돈을 요구하는 남편도 있다.

몽골젠더평등센터를 찾아오는 사람들을 지원할 수 있는 방법을 찾고 있긴 하지만, 사전교육 프로그램 사업이 종료되면서 한국과의 연결고리가 끊어져 도움을 주기가 어려워졌다. 협력 관계에 있을 때는 관련 기관의 위임장을 받아 혼인관계증명서나 가족관계증명서 등 필요한 서류를 한국의 다문화가족지원센터에 요청하면 거기에서 처리해주었다. 그러나 사전교육 프로그램 사업이 종료되면서 협력이 거의 이루어지지 않고 연락도 쉽지 않다. 몇 번 자료를 보냈는데 처리에 굉장히 오랜 시간이 걸려서 다른 방법을 찾는 중이다.

Q. 한국 남편과 이혼 처리가 안 된 채 살아가는 귀환이주여성들이 많은데, 왜 그런가?

A. 대부분은 법을 잘 몰라서 그렇다. 몽골에서는 이혼을 하려면 아내와 남편이 국가등록청에 같이 가서 이혼신고를 해야 한다. 배우자가 해외에 있는 경우에는 이혼확인서 등을 제출해 처리해야 하는데, 이러한 절차를 모르고 있는 경우가 대다수다. 몽골로 귀환하면 자동으로 이혼 처리가 되는 것으로 생각해 한국에서 하지 않고 돌아온다. 몽골에서 살다가 새로운 사람과 혼인하려고 국가등록청에 가면 그제야 여전히 혼인 상태임을 알게 되는 경우가 많다. 한 귀환이주여성은 남편이 사망신고를 하는 바람에 어려움을 겪은 사례도 있다.

Q. 2014년 한국에서 결혼이민자의 비자발급 심사를 강화하는 정책이 시행되면서 국제결혼이 줄었다. 국제결혼을 하려면 한국인의 경우 주거가 확보되고 수입이 차상위 수준을 넘어야 하며 전과가 없어야 한다. 외국인 배우자는 정부가 요구하는 기초 한국어 수준을 충족해야 한다. 이러한 정책에 따라 몽골 여성이 한국 결혼비자를 받으려면 어느 정도 한국어를 해야 하는데, 예비 결혼이민자들은 이 문제를 어떻게 해결하는가?

A. 주로 울란바토르대학교나 한국어 학원을 통해 배우는 것 같다. 한국이 비자 정책을 강화한 이후 한국인과의 결혼이 줄어들긴 했지만, 국제결혼에 대해 문의하는 사람은 계속 늘고 있다. 결혼은 했는데 한국어 실력 때문에 비자를 발급받지 못해 입국하지 못하는 경우들이 생겨나고 있기 때문이다. 실제로 남편은 한국에서 기다리고 있는데 한국어 기초시험에 수차례 떨어진 여성이 자기 어떻게 하냐며 절망하는 경우도 보았다. 오늘 아침에도 한국 사람과 결혼해 이미 한국에 혼인신고가 되어 있는데 자신이 한국에 들어가려면 어떤 것들을 준비해야 하는지 문의하는 연락이 왔다. 이 경우 다누리콜센터(1577-1366)로 안내해주지만 문제가 효율적으로 해결되지 않는 것 같아 안타깝다.

국경을 넘는 여성의 삶을 지탱해줄 연대

몽골젠더평등센터를 방문해 예비 결혼이민자와 귀환이주여성 들의 실태를 듣고서 조사팀은 양국을 잇는 징검다리가 필요하다는 사실을 절감했다. 예비 결혼이민자에 대한 사전교육 프로그램은 이 징검다리 역할을 했다. 몽골 출신 결혼이주여성들에게 보다 잘 적응할 수 있는 정보를 제공했고, 폭력이나 위기 상황이 발생했을 때 대처할 수 있는 방법도 사전에 알려주는 역할을 했기 때문이다. 또한 이 프로그램으로 이어진 협력 관계가 다른 문제들에 대응하는 데도 도움이 되었다.

　한편 아시아의 이주여성들이 떠나거나 돌아가는 나라들 사이에서 이뤄지는 여성인권단체들 간의 소통과 연대가 또 다른 징검다리가 될 수 있을 거란 가능성도 보았다. 국경을 넘는 여성의 삶이 위험에 처하지 않도록 하기 위해서는 이 두 개의 징검다리가 모두 필요할 것이다. 조사팀은 한국이주여성인권센터를 비롯한 국내 이주여성 관련 단체와 상담센터들이 한국에서 살아가는 이주여성뿐 아니라 귀환한 여성들의 재통합을 위해 함께할 수 있는 역할을 모색해보기로 했다. 그것은 '빈곤의 여성화'로 인한 '이주의 여성화' 시대에 지구촌 여성들과 연대하는 길이기도 할 것이다.

필리핀 이주여성 지원단체를 만나다

이주가 '선택'이 되는

최소한의 장치

글 | 위라겸, 전남여성가족재단 정책연구팀 연구원

해외이주는 한 사람의 인생에서 큰 전환점이자, 익숙했던 모든 것을 두고 떠나는 선택이므로 그만큼 감수해야 할 위험도 작지 않다. 이주가 계획대로 진행되지 않거나 이주 과정에서 인권 침해를 겪는 등 큰 어려움에 봉착해 다시 본국으로 돌아온 사람들은 정신적·물질적으로 큰 타격을 입을 뿐 아니라 다시 본국 사회에 적응하고 살아가야 하는 무거운 과제까지 짊어지게 된다.

아시아 각국에서 한국으로 온 이주여성들이 다시 본국으로 귀환한 사례를 추적하던 중, 조사팀은 이주여성들을 지원하는 필리핀 현지 단체들 또한 방문하게 되었다. 필리핀 이주여성들의 실태를 파악하고, 현지 단체가 어떤 지원활동을 하는지 살펴보았으며, 한국 사회와 한국 단체가 협력할 방안을 모색하는 시간을 가졌다.

1980년대 이후 증가한
필리핀 여성들의 해외이주

필리핀 정부는 1970년대 중반부터 노동력 송출 정책, 즉 해외이주노동자가 보내온 송금을 기반으로 외화를 확보하는 경제 전략을 국가발전 정책으로 채택해왔다. 초창기에는 남성들이 주로 이주했고 중동 지역에서 건설노동자로 일하는 경우가 많았다. 1980년대 들어서는 미국이나 유럽, 또는 일본, 홍콩, 싱가포르와 같은 아시아 국가 등 해외이주 목적지가 다양해졌다.

필리핀 여성들의 해외이주는 1980년대 이후 증가했다. 여성들은 주로 가사노동자나 보모, 간병인 등의 돌봄노동자로 일했다. 또한 해외공연예술가 지위로 이주하기도 했는데, 목적지에 도착한 이후 사기나 강요로 유흥산업에 유입되기도 했다.

이주노동을 떠난 필리핀 사람들이 해외에서 겪는 인권 침해 사례로는 고용주가 여권이나 외국인등록증을 압수해 가서 '이동의 자유'를 제한당하는 것, 월급을 제때 제대로 받지 못하는 것, 예술흥행비자로 입국했다가 성매매나 인신매매 피해를 당하는 것 등 다양했다. 현지 언어와 문화, 제도에 익숙하지 않아서 경험하는 어려움도 많았다.

이주를 떠났다가 인권 침해를 겪고 필리핀으로 귀환한 여성들은 그 트라우마와 주변의 낙인, 현지 남성과의 사이에서 태어난 자녀 문제 등으로 힘겨워했다. 게다가 여전히 필리핀에는 괜찮은 일자리가 없고 기술을 익히거나 사업을 시작할 지식을 쌓기도 어려워서 지역사회에 정착하지 못하고 다시 일자리를 찾아 해외로 떠나기도 했다.

일본에서의 귀환이주여성을 지원하는
단체를 만나다

1980년대 후반, 필리핀에서는 해외에 있는 필리핀 여성노동자와 돌아온 귀환이주여성들, 그리고 그 자녀들을 지원하는 단체들이 생겨났다. 당시 여성들 중 많은 수가 일본으로 이주했고, 그 때문에 일본에 간 여성노동자나 결혼이주자와 일본인 남성 사이에서 태어난 자녀들인 자피노Japanese-Filipino Children 이슈를 중점적으로 다루는 단체들도 등장했다. 특히 일본에 예술흥행비자로 갔다가 유흥산업에 유입되어 성매매나 인신매매 피해를 당한 여성들, 또 일본 남성과의 결혼생활에서 가정폭력을 겪거나 아이와 함께 버림받고 필리핀으로 돌아온 여성들을 지원하는 문제가 시급했다.

조사팀이 방문한 바티스센터Batis Center도 1980년대 후반에 설립되어 지금까지 일본으로 이주한 경험이 있는 필리핀 여성과 그 자녀들을 지원하고 있는 대표적인 단체다. 우리는 바티스센터에서 일하는 활동가 로즈를 만났다.

Q. 바티스센터는 해외로 이주한 필리핀 여성들에게 버팀목 역할을 하고 있는 것으로 안다. 센터에 대해 간략하게 소개해달라.

A. 바티스센터는 1989년에 설립되었고, 필리핀 이주여성을 지원하는 최초의 단체로 출발했다. 시작은 일본으로 이주했다가 강간을 당하거나 폭력 피해를 입은 필리핀 여성들을 지원하는 것이었다. 주로 클럽에서 일하다가 피해를 당하는 여성들이 많았다. 일본에서 노동착취, 인신매매, 강간이나 폭력, 성적 학대 등을 경험하고 고통 속에 귀환한 여성들과 그 가족들을 지원한다. 여성들이 필리핀에 돌아오자마자 지원을 시작해서 상담, 멘토링, 심리치료 등 필리핀 사회에 안정적으로 재정착할 수 있도록 전 과정을 지원한다. 1993년에 필리핀 여성이 일본에서 살해당하는 사건이 발생했는데, 그때 바티스센터가 사건 해결과 수습 과정을 지원한 사실이 알려지면서 해외에서 인권 침해를 겪은 여성들이 우리 센터를 찾는 경우가 많아졌다.

Q. 귀환이주여성들이 바티스센터를 찾았을 때 구체적으로 어떤 지원을 받을 수 있는가?

A. 기본적으로 법률과 의료 지원을 하고 지역사회에 안정적으로 재정착할 수 있도록 복지 서비스를 연계하여 지원한다. 필요한 경우에는 직업훈련이나 임파워먼트 프로그램도 제공한다. 함께 귀환한 자녀들을 위한 리더십 트레이닝이나 여름캠프, 상담 및 문화 프로그램도 운영하고 있다. 쉼터도 있지만 여성들은 대부분 집으로 돌아가고 싶어 하지 오래 머물고 싶어 하지는 않는다. 집에 가기 전 잠시 마음을 추스르는 정도다. 하나의 사례에 대한 지원은 1년 이내에 종료하는 것을 원칙으로 한다. 그러나 사실 그 기간

안에 지원이 끝나지 않는 경우도 많다. 우리는 여성들이 만족할 때까지 계속 지원한다.

Q. 바티스센터에서 한 해 동안 몇 명의 여성들을 지원하는지도 궁금하다.

A. 1989년 설립 이후 1998년까지, 가장 많을 때는 1년에 400명 정도 지원했다. 2005년 필리핀에서 인신매매방지법이 제정되고, 그 무렵 일본에서도 관련 법이 만들어지면서 지원을 요청하는 사람 수는 많이 줄었다. 최근에는 1년에 10명 정도 새로운 지원 요청이 들어오는데, 이건 직접 대면 지원을 하는 사례만 집계한 수치다. 전화나 SNS를 통한 상담은 1년에 100건 정도 하고 있다.

"아빠 만나고 싶지?"
인신매매되는 자피노

바티스센터의 로즈 활동가는 최근 새로운 문제가 대두되고 있다고 이야기했다. 바로 필리핀인 여성과 일본인 남성 사이에 태어난 자피노들을 대상으로 한 인신매매 사건들이다.

Q. 필리핀으로 귀환한 여성들, 그리고 자녀들과 관련하여 새롭게 떠오른 쟁점이나 변화된 상황이 있는지 알려달라.

A. 예전에는 여성의 인신매매나 성폭력 피해, 그리고 자피노 아동의 '유기'와 관련된 사례가 많았다. 그런데 요즘은 여

성들이 자녀 없이 돌아오는 경우가 더 많다. 인신매매나 성폭력 관련 문제는 계속 발생하고 있다. 최근에는 일본에서 태어난 아이들이 엄마와 함께 필리핀으로 돌아와 성장하다가 일본으로 인신매매되는 사건들이 발생하고 있다. SNS에서 일본식 이름을 사용하고 있으면 "일본인 아빠 만나고 싶지? 우리가 도와줄 수 있어"라며 접근해 납치하거나 인신매매하는 식이다. 아버지를 한번 만나고 싶어 하는 아이들도 있고, 일본인이니까 아버지가 당연히 부자일 거라고 생각해서 일본에 가보려 하는 아이들도 있는데 그런 마음을 이용하는 거다.

Q. 이주한 여성들과 자녀들을 지원할 수 있는 일본 현지 파트너 단체가 있나?

A. 일본에 있는 필리핀인 커뮤니티와 연계되어 있어서 필리핀 여성에게 문제가 발생했을 시 바로 지원할 수 있다. TV와 라디오를 통해 센터 홍보도 하고 있다. 일본 현지의 관련 단체들도 대부분 바티스센터를 잘 알고 있어서 여러 방면에서 협력한다. 특히 자피노의 아버지 인지청구 소송이나 양육비이행청구 소송 등 다양한 소송 지원을 받고 있다.

Q. 한국으로 이주한 필리핀 여성을 지원한 사례가 있으면 알려달라.

A. 최근 싱가포르나 홍콩, 말레이시아로 이주한 여성들이 지원을 요청하는 사례가 증가하고 있지만 아직 한국 사례는 연계된 적이 없다. 한국에는 바티스센터가 별로 알려지지 않은 것 같다. 한국에서 지원을 요청해온다면 우리는 적극

협조할 것이다.

이주도 귀환도
선택이 될 수 있어야 한다

해외이주와 귀환은 필리핀 사회에서 그리 특별한 현상이 아니다. 조사팀이 방문한 필리핀 현지 단체들은 이주와 귀환이 '할 수밖에 없는', '고통스럽지만 어쩔 수 없는' 경험이 아니라 개인의 삶에서 다양한 선택지 가운데 하나가 될 수 있도록 여성들을 지원하고 있었다. 특히 여성들이 이주한 나라에 있는 필리핀인 커뮤니티나 필리핀 단체, 또는 현지의 단체들과 연계하여 필리핀 여성들이 귀환하기 전부터 귀환 이후 정착할 때까지 다양한 차원에서, 다양한 자원을 끌어모아 지원하는 모습은 매우 인상적이었다. 여성과 아이들에 대한 지원과 함께 사회와 제도를 비꾸기 위해서도 활발하게 활동하고 있었다.

여성네트워크발전행동Development Action for Women Network도 필리핀으로 귀환한 이주여성들과 아이들이 가족과 지역사회에 안착할 수 있도록 법률 지원, 의료 지원, 상담, 치유 워크숍 등 다양한 지원활동을 하는 단체다. 활동가 셰인은 "귀환이주여성들이 안정적으로 필리핀에 재통합, 재정착하는 데는 경제적 자립이 매우 중요하다"고 강조했다. 이를 위해 여성네트워크발전행동에서는 사무실 안에 교육장을 만들고 여성들에게 재봉과 직조 기술을 교육하는 역량강화 프로그램을 운영하고 있다. 여기서는 옷이나 가방, 식탁보 등을 생산하는데, 이 과정 자체가 여성들이 심리적으로 치유되는 계기가 된다고 한다. 또한 이렇게 생산된 물품들을 판매하며 귀환이주여성들이 겪는 어려움을 사람들에게 알리는 계기도 마련하고 있다. 기술교육 외에 여성들이 집에서 간단히 시작할 수 있는 사업을 안내하는 창업 세미나도 진행한다. 이 단체 역시 귀환이주여성들과 자녀들의 권리와 복지를 위해 각 지역의 학교와 교회, 정부기구와 비정부기구, 시민단체 등 다양한 조직들과 연대하고 있으며 국외 단체들과도 협력하고 있다.

셰인 활동가는 자피노들을 위한 활동도 소개했다. "매년 일본에 방문하여 현지 학생, 지역민들과 교류하는 프로그램을 진행하고 있다. 직접 뮤지컬을 공연하고, 일본 현지인들과 소통하는 워크숍도 개최한다. 일본인 아버지와의 만남이 이루어지는 경우도 있다. 일본에서 조직된 후원그룹이 프로그램을 진행하는 데 도움을 주고 있다."

한국이주여성인권센터를 비롯한 국내 이주여성 지원단체들도 아시아 각국의 귀환이주여성을 지원하기 위한 여러 활동을 기획하고 있다. 필리핀 단체들과의 만남은 이러한 지원활동의 방향을 가늠하고, 동시에 서로 협력할 수 있는 연계를 맺는 계기가 되었다. 한국의 단체와 이주민 커뮤니티, 이주자들의 본국 단체 등이 국제적으로 촘촘한 네트워크를 만들어서 이주여성들의 귀환 과정 하나하나를 지원할 수 있다면, 여성들의 귀환은 과연 어떤 모습을 하게 될까. 적어도 폭력에서 벗어나는 것이 급선무인 상황에 처해 남편의 이름과 주소도 제대로 모른 채, 혼인관계 정리도 제대로 못한 채 비행기에 몸을 싣거나, 수 년간의 타국살이를 정리할 단 며칠의 시간도 갖지 못하고 외국 인보호소를 거쳐 강제추방되는 경우는 줄일 수 있지 않을까. 어 쩔 수 없는 귀환일지라도 지친 몸과 마음을 추스르고 재정착 이 후의 삶을 준비할 수 있도록 귀환의 전 과정에서 이들을 지지하 고 지원하는 것은 이주여성이 '선택'의 기회를 가지는 최소한의 장치가 될 것이다.

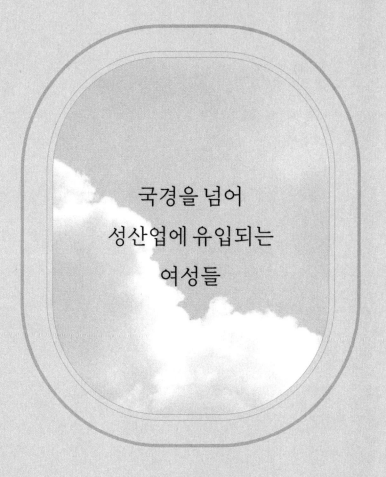

국경을 넘어
성산업에 유입되는
여성들

글 | 김혜정, 한국이주여성인권센터 팀장

필리핀은 이주의 역사가 오래된 만큼 이주민을 위한 프로그램이 많고 관련 단체들도 활발히 활동하고 있다. 몽골의 경우도 한국 여성가족부 지원으로 예비 결혼이민자 교육이 시행되었던 적이 있어 귀한한 결혼이주여성들이 한국의 관련 단체들과 연락이 닿을 수 있는 통로가 마련돼 있다. 그런데, 태국의 상황은 달랐다.

우선 태국 여성들은 결혼을 통해 한국으로 이주하는 경우가 별로 없다. 그보다는 1부의 솜자이 씨나 마리 씨의 이야기처럼 무비자로 한국에 왔다가 한국 남성과 만나게 된 사례들이 많다. 조사팀이 만난 태국의 이주여성들은 대부분 아이 아버지의 지원 없이 '비혼모'로서 혼자 자녀를 양육하고 있었다. 그들이 만났던 한국 남성들은 임신 사실을 알고 나서 무비자 입국의 체

체류 외국인 연도별·국적(지역)별 현황

구분	2015년	2016년	2017년	2018년	2019년 12월
총계	1,899,519	2,049,441	2,180,498	2,367,607	2,524,656
중국 (한국계 포함)	955,871	1,016,607	1,018,074	1,070,566	1,101,782
베트남	136,758	149,384	169,738	196,633	224,518
태국	93,348	100,860	153,259	197,764	209,909
미국	138,660	140,222	143,568	151,018	156,982
일본	47,909	51,297	53,670	60,878	86,196
우즈베키스탄	47,103	54,490	62,870	68,433	75,320
필리핀	54,977	56,980	58,480	60,139	62,398
러시아(연방)	19,384	32,372	44,851	54,064	61,427
인도네시아	46,538	47,606	45,328	47,366	48,854
몽골	30,527	35,206	45,744	46,286	48,185
캄보디아	43,209	45,832	47,105	47,012	47,565
네팔	30,185	34,108	36,627	40,456	42,781

출처: 〈출입국·외국인 정책 통계월보〉 2019년 12월호, 법무부 출입국·외국인정책본부.

류기간이 짧다는 점과 그 기간이 지나면 미등록체류 상태가 된다는 점을 이용해 여성에게 본국으로 돌아가서 출산하도록 회유했다. 그리고 여성이 본국으로 돌아가면 일정 기간 동안은 출산을 위한 비용을 일부 송금하다가, 얼마 지나지 않아 연락을 끊어버렸다.

태국 여성들이 한국에 있는 아이 아버지에게 연락할 수 있는 방법은 전화나 SNS가 전부다. 따라서 본국에 돌아간 여성이

단기체류 외국인 국적(지역)별 현황

국적별	계	중국	태국	미국	일본	베트남	몽골	(타이완)
인원		217,290	177,271	86,398	61,073	37,184	23,340	22,817
비율		27.4%	22.4%	10.9%	7.7%	4.7%	2.9%	2.9%
국적별	792,853 100%	러시아(연방)	(홍콩)	필리핀	카자흐스탄	인도네시아	말레이시아	기타
인원		21,091	18,073	17,033	11,954	11,612	10,538	77,179
비율		2.7%	2.3%	2.1%	1.5%	1.5%	1.3%	9.7%

출처: 〈출입국·외국인 정책 통계월보〉 2019년 12월호, 법무부 출입국·외국인정책본부.

연락해도 남성이 거부할 경우 달리 방법이 없는 상태가 된다. 이처럼 자녀의 출산과 양육에 대한 남성의 무책임함으로 태국의 귀환이주여성들이 자국에서 오롯이 홀로 출산과 양육을 떠안게 된 사례가 적지 않음을 현지에서 직접 확인했다.

법무부 출입국·외국인정책본부 통계에 따르면, 2019년 12월 기준 체류 외국인은 총 252만 4,656명이며 국적별 비중은 중국 43.6%(110만 1,782명), 베트남 8.9%(22만 4,518명), 태국 8.3%(20만 9,909명), 미국 6.2%(15만 6,982명), 일본 3.4%(8만 6,196명)로 나타났다. 이 중 태국인의 수는 꾸준히 증가하여 2017년부터는 전체 체류 외국인 중 세 번째로 많은 비중을 차지할 만큼 체류자가 늘었다. 단기체류 외국인으로 좁혀보면 중국 다음으로 태국이 많은 비중(22.4%)을 차지하고 있음을 알 수 있다.

2019년 12월 기준 국내에 체류하는 태국 국적자 수는 20만 9,909명이며 이 중 단기체류자는 17만 7,271명이다. 세부 내용을 보면 83.9%(17만 6,322명)가 사증면제로 입국했음을 알 수

국내 태국 국적자 단기체류 현황 및 체류자격

	총합계	B1(사증면제)	B2(관광통과)	C3(단기방문)	기타
총계	177,271	176,322	127	23	799
남성	77,416	76,839	48	10	519
여성	99,855	99,483	79	13	280

출처: 〈출입국·외국인 정책 통계월보〉 2019년 12월호, 법무부 출입국·외국인정책본부.

국내 태국 국적자 남녀별 체류 현황

성별	총합계(명)	비율(%)
총계	209,909	100
남성	99,711	47.5
여성	110,198	52.5

출처: 〈출입국·외국인 정책 통계월보〉 2019년 12월호, 법무부 출입국·외국인정책본부.

있다. 성비는 남성 47.5%, 여성 52.5%로 여성의 비율이 좀 더 높다. 태국 이주여성들의 유입이 늘어난 만큼 이들이 한국에서 겪는 다양한 피해도 늘고 있지만, 여전히 이에 대한 안전망은 전혀 없다 해도 과언이 아니다.

국경을 넘는 태국 여성들을 겨냥하는 착취와 폭력

성차별과 성착취, 성폭력이 국경을 넘어서 발생할 때, 이를 해결하고 피해자를 지원하는 것 역시 국경을 넘어선 연대가 필요하다. 우리는 태국에서 성착취나 성차별을 겪은 여성들을 지원하는 단체들을 찾아갔다. 그곳에서 여러 활동가들과 만나며 국경을 넘는 태국 여성들, 그리고 아시아 여성들의 인권 실태에 대한 정보를 주고받고 연대 방안을 모색했다.

우리가 만난 단체 중 하나인 태국의 젠더평등과여성발전연구소Gender and Development Research Institute(이하 젠더연구소)는 법조계에서 일하던 한 여성이 법원에서 성폭력, 성매매 피해 여성들을 많이 만나게 되면서 자신의 집에서 상담과 법률 자문을 지원한 데서 시작되었다. 1982년 8월 19일 긴급보호시설(쉼터) 설립을 기점으로 조직된 여성지위진흥협회Association for the Promotion of the Status of Women 소속이다. 젠더연구소는 태국 사회의 성평등을 촉진하기 위한 정책활동과 성평등 관련 정책에 대한 연구를 수행한다. 아울러 여성의 역할에 대한 사회의식 변화 촉진, 헌법에 명시된 여성의 권리 보장 요구 등의 활동을 이어가고 있다.

조사팀은 젠더연구소를 통해 쉼터를 방문하고, 그곳에서 활동가 캣 씨와 까이 씨를 만났다. 쉼터는 주로 성폭력, 성매매 피해 여성들을 지원하지만 비혼모 등 도움이 필요한 여성과 아동도 입소한다. 또한 태국 여성들 뿐만 아니라 태국에서 폭력 피해를 겪은 미얀마 이주여성이나 라오스 이주여성도 지원하고 있었다.

캣 씨와 까이 씨는 한국에서의 귀환 후 쉼터에 입소한 태국 여성 2명의 사례를 들려주었다. 한 사람은 한국에서 돈을 벌기 위해 마사지 일을 했던 A씨로, 한국 남성을 만나 사귀다가 임신하게 된 경우였다. 무비자로 체류할 수 있는 기간인 90일 이후 한국 남성이 체류연장과 관련한 도움을 주지 않아 태국으로 돌아올 수밖에 없었고, 임신한 상태에서 집으로 돌아갈 수 없어 쉼터에 입소했다. 활동가들은 현재 A씨의 출산 준비를 지원하고 있다. 또 다른 태국 여성 B씨는 마사지 일을 하기 위해 한국에 갔다가 업소에서 성매매를 강요받았다. B씨는 구조를 요청했고, 현재 태국에 입국해 쉼터에 입소한 상태다.

태국의 또 다른 단체인 여성기금Foundation for Women은 가정폭력, 성폭력, 성매매 피해를 겪은 여성들을 지원한다. 이 단체는 설립 당시부터 태국 내 문제뿐 아니라 해외에 있는 태국 여성들의 문제도 지원해왔다. 독일이나 네덜란드 등으로 결혼을 통해 이주한 태국 여성들이 강제노동을 하거나 강간을 당하는 등 피해를 호소하는 사례가 많았던 것이다.

여성기금의 부사 럿기리싼탓 대표는 이주여성을 지원한 최근 사례 중 '취업 사기' 문제가 특히 심각하다고 설명했다. 브로커들이 일할 곳을 알선해준다며 여성들을 유인해 성매매를 종용하는 취업 사기 범죄가 늘어나고 있다는 것이다. 이 같은 취업 사기는 이전부터 있어왔지만 최근 더 늘어나는 추세다. 부사 럿기리싼탓 대표는 이러한 범죄가 '인신매매'에 해당한다고 강조하며 과거에는 일본으로 간 태국 여성들의 피해 사례가 많았으나 최근엔 한국에서의 피해 사례도 늘어나고 있다고 덧붙였다.

이에 따라 여성기금은 온·오프라인에서 발생하고 있는 다양한 취업 사기의 수법들을 알리며 피해 예방에도 힘쓰고 있다.

일례로 태국 여성들은 한국의 마사지업소가 불법이라는 사실을 모르고 취업하는 경우가 많다. 이에 대해 사전 정보를 제공하는 등 다방면의 노력을 기울이는 것도 여성기금의 활동이다.

여성의 이주를 위협하는 성착취, 어떻게 해결할까

한국이주여성인권센터는 한국에서 성매매를 강요받았던 태국 여성을 구출하고 지원한 적이 있다. 인신매매방지연맹 Alliance Anti-Trafficking은 그때 공조한 기관이었다. 이를 계기로 2017년 4월 12일 '성매매 피해 방지를 위한 한-태 합동 간담회'를 개최하기도 했다.

인신매매방지연맹은 2001년 베트남에서 창립해 지금은 라오스, 미얀마, 태국까지 총 4개국에서 활동하는 기관으로, 태국에서는 2007년에 설립되었다. 여성과 이동에 대한 성착취 근절을 목표로 하는 인신매매방지연맹은 성매매를 강요하는 형태로 이루어지는 인신매매를 근절하고, 피해 생존자들의 삶을 지원하며, 모든 종류의 성적 학대를 반대하는 운동을 펴오고 있다. 여성과 아동의 인신매매가 국경을 넘어서 행해지는 것은 물론이고, 특히 국경 인접 지역에서 많이 발생하고 있기 때문에 인신매매방지연맹이 있는 4개국은 서로 교류하면서 팀을 이루어 움직인다. 별도의 정부 지원 없이 유럽에서의 모금이나 프로젝트 후원으로 활동하고 있다.

조사팀은 인신매매방지연맹을 찾아가 여성의 이주를 둘러싼 인권 침해 실태를 더 들어보고자 했다. 활동가 베오 씨와 뚜엉 씨는 최근 현장의 이야기를 전했다. 태국, 베트남, 라오스, 미얀마 등 메콩강을 중심으로 인신매매가 지속적으로 발생하고 있다는 이야기였다.

"라오스의 14~15세 여자아이들이 취업 사기로 인신매매, 성매매, 성폭력 피해를 입고 있습니다. 온라인을 통해 취업에 관한 정보를 접하고 오프라인으로 만났다가 인신매매되거나 성매매, 성폭력 피해를 입는 경우가 많습니다. 인신매매를 당했다가 탈출해서 돌아온 경우만 매년 100명에 이릅니다. 훨씬 더 많은 인신매매가 지금도 이루어지고 있다고 봐야죠. 태국의 여자아이들도 이러한 성매매 피해를 겪고 있습니다. 태국의 성매매방지법에는 성구매자인 남성에 대한 처벌 조항이 없습니다. 우리는 성산업에 유입된 여성들을 보호할 수 있는 법제를 마련하기 위해 노력하고 있습니다."

외국에 나갔다가 '강제 성매매' 피해를 겪고 돌아온 여성들은 가족이나 주변에 비밀로 해달라며 도움을 요청하는 경우가 많다. 한국에서 성매매를 강요당하고 구조 요청을 했던 태국 여성 B씨의 사례처럼, 인신매매방지연맹 활동가들은 국제 협력을 통해 성착취 피해 여성들을 구출하고 여성들이 본국으로 귀환할 수 있도록 지원하고 있었다.

두 활동가는 결혼을 통해 한국으로 이주했다가 귀환한 여성들을 지원한 사례는 아직 없지만, 어려움에 처한 태국 여성들이 도움을 요청하면 쉼터 제공과 법률 지원을 포함해 할 수 있는 모든 것을 하겠다고 말했다. 그 여성이 한국이든, 아니면 다른 어느 나라에 있든 말이다.

안전한 이주를 위한 연결

새로운 기회를 원하는 이들에게 '이주'는 필연적인 것일지도 모른다. 그러나 국경을 넘는 일은 자유롭지도, 안전하지도 않다. 특히 이주여성들의 안전을 위협하는 요소들은 곳곳에 포진해 있다. 이주여성들의 인권 보장을 위해 활동하다 보면 현장에서는 재원의 한계를 느끼기도 하고, 국경의 한계에 부딪히기도 한다. 현지조사를 통해 만난 각국의 여성단체들, 이주단체들과의 시간은 국경을 넘는 연대감을 느끼게 해주었고 무엇보다 여성들의 안전한 이주를 위해 서로 연계하여 지원할 수 있는 새로운 통로를 마련하는 계기가 되었다.

그러나 한편으로 몽골, 필리핀, 태국 3개국을 방문하면서 각국의 귀환이주여성뿐만 아니라 많은 여성들이 겪고 있는 폭력의 실태가 너무나 비슷하다는 사실은 참담했다. 가정에서 지속적으로 폭력 피해를 입는 여성들, 가정경제를 위해 이주로 내몰리는 여성들은 어디에나 있었다. 희망을 품고 국경을 넘어갔다가 성폭력, 성매매, 강제노동까지 당하고서 돌아온 여성이 사회에 재정착하기가 얼마나 어려운 일일지 섣불리 가늠해보기도 쉽지 않았다. 태국 현지 여성단체들과의 만남은 한국에서 성폭력 피해를 입은 태국 여성들의 구조와 인권 보호, 나아가 일상으로의 회복을 위해 한국과의 네크워크 또한 반드시 필요하다는 사실을 확인하는 중요한 시간이었다.

현지 실태조사 이후 메일과 SNS로 도움을 요청하는 귀환이주여성들의 연락이 끊이지 않는다. 이에 한국이주여성인권센터 부설기관 서울이주여성상담센터는 귀환이주여성을 위한 상담, 행정, 법률 지원 등을 하고 있다. 그러나 귀환이주여성들의 보다 안전한 이주를 위해서는 근본적으로 한국에서의 관련 행정, 법률의 개선과 통합적·제도적 지원의 길이 마련되어야 한다. 시민단체 사이의 연대와 정부기관 사이의 협력에 기반한 국가 간 효율적인 지원체계가 작동할 때 여성들의 이주는 비로소 안전해질 것이다.

결혼이주여성 몽골 상담원의 기록

귀환은 왜 겁나고,

창피하고, 미안해하는

일이 되었나

글 | 나랑토야, 서울이주여성상담센터 몽골 상담원

귀환이주여성 조사팀에 몽골어 통역으로 참여한 이후로 업무
가 부쩍 늘었다. 귀환이주여성들의 상담 문의가 전화로, SNS로
이어지고 현지의 기관은 물론 지인을 통해서도 수시로 연락이
온다.

현재 서울이주여성상담센터에는 귀환이주여성을 지원하
는 사업에 특별히 배정된 예산과 인력이 없는 상태지만 무작정
이 일을 하고 있다. 도움을 구하는 귀환이주여성들에게 지원하
지 못한다는 말을 차마 꺼낼 수가 없어서다. 우리가 아니면, 상
담센터가 없으면 그녀들의 피해와 현재 처한 어려운 상황에 대
한 이야기를 들어주는 곳이 단 한 군데도 없기 때문이다. 이러
니 어떻게 외면할 수 있겠는가.

귀환이주여성을 대신해
혼인관계를 정리하는 일

많은 인터뷰들에서 보여주었듯 몽골에서 만난 귀환이주여성들은 대다수가 한국인 남편과 혼인관계를 정리하길 희망하고 있다. 자신에 대한, 그리고 아이에 대한 남편의 폭력이 무서워 도망치다시피 본국으로 출국한 이주여성들에게 법적 혼인관계를 정리할 시간과 정신이 있었을 리가 없다. 뒤늦게 본국에서 이를 정리하기도 쉽지 않다. 그러나 돌아간 모국에서, 또는 제3국에서 새 삶을 살아가기 위해서는 한국에서의 결혼생활을 서류상으로 반드시 정리해야 한다. 우리는 지금 그 일을 대신하고 있다.

귀환이주여성의 법률상 이혼 문제를 지원하기 위해서는 다음과 같은 일들을 해야 한다. 먼저, 귀환이주여성이 한국인 남편과 이혼이 되어 있는지부터 확인한다. 몽골 결혼이주여성들은 한국인 남편과 자신이 혼인 상태인지 아닌지조차 알지 못하는 경우가 대부분이다. 한국에서는 배우자 부재시 공시송달로 이혼소송장을 보내서 배우자의 부재를 증명하고 혼자서도 이혼을 할 수 있으므로 한국인 남편이 이혼신고를 했는지부터 확인한다.

이혼 여부를 확인하려면 한국인 남편의 이름, 주민등록번호, 전화번호, 주소 등 기본적인 개인정보를 알아야 한다. 여기서 문제가 생기는 때도 많은데 귀환이주여성들 중에는 남편의 이름밖에 모르는 경우도 있기 때문이다. 이때는 남편과 혼인신고를 했을 당시 몽골 국가등록청에 제출했던 남편 관련 서류를 발급받아 개인정보를 확인한다. 몽골은 최근에야 혼인과 이혼 관련 서류를 전산망으로 구축하는 작업이 진행 중이다. 국제결혼과 관련한 각종 서류를 발급받기 위해서는 해당 기관을 직접 방문해서 신청하고 기다려야 하는 경우들이 아직도 많다.

한국인 남편의 개인정보를 확인하고 나서도, 당사자가 없는 상황에서 혼인관계증명서를 발급받는 일은 여간 복잡한 일이 아니다. 대개 귀환이주여성에게 혼인관계증명서 발급신청 위임장을 받아 상담원이 대신 행정기관에 방문한다. 그런데 여기서도 또 문제가 생긴다. 바로 '비용'이다. 귀환이주여성을 지원하는 사업에 배정된 예산이 없어 상담원이 사비로 서류를 발급받아야 하는 것이다. 이런 경우가 어쩌다 한 번, 1년에 한두 사람이라면 감당할 수도 있겠지만 꽤 많은 서류 발급 비용을 충당해야 해서 난감할 때가 많다. 그렇다고 곤경에 빠진 당사자에게 해외송금을 해달라는 말은 할 수가 없다.

그렇게 발급받은 혼인관계증명서를 통해 한국에서의 이혼 처리를 확인하면 그나마 다행이다. 이 경우 관할법원에서 이혼 판결문을 발급받아 귀환이주여성이 있는 본국의 주소로 보내면 비로소 지원이 마무리된다.

돌아간 그녀들의 삶을 위한 이혼소송

만약 한국인 남편과 법적 혼인관계가 정리되어 있지 않다면 이주여성상담센터의 이주여성법률지원단을 통해 법률 구조를 신청하고 이혼소송을 지원한다. 대부분 가정폭력 피해 이주여성들이지만, 증거는 오직 당사자 진술뿐이다. 원활한 소송 진행을 위해 진술서를 작성하게 하고 상담원이 그 진술서를 번역한다.

이혼소송을 제기하면 배우자가 상담센터로 전화를 걸어오는 경우가 있다. 대체로 이혼소송을 제기한 이주여성에 대해서는 물론이고 전화를 받은 상담원에게도 모욕적인 말들을 하기 위해서다. 그런 전화를 받으면 당연히 자존심도 상하고 화도 나지만 참는 수밖에 없다. 괜한 말을 했다가 소송만 더 길어질 수 있기 때문이다. 한편으로는 세상에 있는 온갖 욕을 다 퍼붓더라도 이혼소송에 응하는 남성들이 고맙게 느껴지기까지 한다. 아무런 소식 없이 마냥 기다리게 하는 경우보다야 훨씬 낫다.

이혼소송 역시 순조롭게 진행되는 경우는 드물다. 법원에서 요청하는 서류를 제출하려면 본국에 있는 여성과 연락을 해야 하고, 다시 위임을 받아 해당 기관에 관련 서류를 신청하는데까지 행정 처리가 굉장히 오래 걸린다.

소송을 거쳐 마지막으로 법원에서 이혼확정증명이 나오면 한 달 이내에 이혼 당사자 중 한 사람은 행정기관에 이혼신고를 해야 한다. 한국인 배우자가 하지 않으면 이것 또한 상담원의 몫이 된다. 한국인 배우자가 하지 않으려고 해서 빌다시피 부탁한 적도 있었고, 결국은 상담원이 대신 이혼신고를 한 적도 있었다. 어쨌든 이혼신고까지 마쳐 서류상으로 이혼 완료가 되면 마지막으로 이혼 사항이 기재된 혼인관계증명서를 발급받아 여성의 본국 주소로 보낸다.

이 모든 과정에서 발생하는 서류 발급 비용 또한 상담원이 사비로 해결하고 있는 실정이다. 센터장에게 하소연을 해봤자 돈 나올 구멍이 없다는 것을 잘 알기에 '내가 좋아서 하는 일이다' 생각하며 스스로를 다독인다. 사비까지 들여서 지원해야 할까 생각하는 사람이 있을 수 있지만, 귀환이주여성들이 마주한 문제는 한국에서의 지원이 없으면 제대로 해결하기가 불가능하다. 그리고 해결하지 않은 채로는 살아가기가 어려운 문제들이다. 그렇게까지 지원해야 하는지를 물을 게 아니라, 왜 제도화된 지원과 예산이 없는지를 질문해야 하는 문제다.

두 번의 유산, 폭력을 겪고 '추방'되는 사라 씨를 보며

"언니는 운이 좋아서 좋겠다. 남편이 때리지두 않구 잘해주니까. 언니, 나 고향 가면 숨어 살 거야. 친구들도 만나고 싶지 않아. 창피하잖아요. 한국 남자랑 결혼해서 잘 산다고 큰소리치고 왔는데 이렇게 돌아가니까……. 우리 언니는 고향에 돌아오라고 말은 하지만 속으로는 그렇게 생각하지 않을 거야. 그래서 언니를 보기가 부끄럽고, 형부 보기도 껄끄러워. 나는 잘못한 게 없는데…… 이제 '너는 필요 없으니 한국에서 나가'라고 하는 것 같아. 한국 사람의 아이는 아이고, 내 아이는 아이가 아닌가봐. 아이가 불쌍해서 어떡해. 한국에 와서 적응하느라 고생시

켰고, 고향 가면 또다시 적응하느라 고생할 텐데. 아이에게 너무 미안해서 어떡해."

몽골 여성 사라 씨를 처음 만난 건 2018년 여름이었다. 사라 씨는 한국인 남성과 결혼하고 두 번 임신했지만 두 번 다 유산하고 말았다. 남편의 무관심과 폭력, 시어머니의 폭언을 참아가면서 버텨온 결혼생활이었지만 남편은 결국 사라 씨를 집에서 쫓아냈다. 우리는 오늘도 이렇게 귀환할 수밖에 없는 이주여성을 마주한다.

사라 씨는 상담센터의 도움을 받아 이주여성쉼터에 입소했는데 그사이 남편은 이혼소송을 제기했다. 법정 싸움이 길어졌고, 사라 씨는 남편의 귀책사유를 법적으로 증명하지 못한 채이혼당했다. 남편과 사라 씨 사이에 자녀가 없어 사라 씨에겐 더 이상 한국에서 거주할 수 있는 체류자격이 주어지지 않았다. 지금 사라 씨는 결혼 당시 본국에서 데리고 온 아이와 함께 다시 몽골로 돌아갈 준비를 하고 있다.

귀환, 한국어를 모국어로 하지 않는 나에게는 어쩐지 멀고 어렵게 느껴지는 단어다. 많은 사람들에게 귀환은 설레고, 기대되고, 기다려지는 기쁜 일일지 모른다. 그러나 이주여성 현장에서의 귀환은 겁나고, 창피하고, 미안해하는 일이 되어버렸다. 사라 씨와 마지막 인사를 하는 날, 귀환이주여성 현지조사 당시 인터뷰 통역을 하며 느꼈던 분노와 화가 또다시 차오르며 사라 씨에게 자꾸 미안한 마음이 들었다.

남편의 폭력에도
이혼을 결심할 수 없는 이유

"선생님, 저 이혼 안 할래요. 그냥 참고 살아볼게요. 가족에게 이혼하고 싶다고 말했는데 언니는 제 말을 무시하고, 아빠는 제가 이혼하고 돌아오면 엄마와 이혼하겠대요. 그래서 저는 이혼을 못하겠어요."

몽골 여성 토야 씨는 국제결혼 중개업체를 통해 한국인 남편을 만났고, 결혼한 지 1년 남짓 되었다. 스무 살 나이 차가 나는 남편과의 결혼생활에는 늘 갈등이 있었다. 세대 차이, 문화 차이, 음식 차이 등으로 인한 부부싸움은 끝이 안 보였고, 결국 남편의 폭력으로까지 이어졌다. 토야 씨는 남편의 폭력을 피해 이주여성쉼터에 입소하며 이혼을 결심했지만 결국은 포기했다. 토야 씨의 말처럼 이혼한 그녀의 귀환을 본국의 가족 누구도 반기지 않았기 때문이다.

가족들은 딸의 이혼이 가문이 흠이 된다고 생각했다. 가족이 어떻게 그럴 수 있느냐고 생각할 사람도 있겠지만 이것이 토야 씨의 현실이다. 토야 씨는 지금은 귀환할 수 없다고 말하지만 언젠가 사라 씨처럼 본국으로 돌아갈 수밖에 없게 되는 건 아닐지 불길한 예감이 든다.

많은 결혼이주여성들을 상담하고 지원해오면서 솔직히 보다 현실적인 조언을 전해주고 싶을 때가 있다. 그 조언은 이런 내용이다. 한국 국적의 자녀를 출산하고 양육할 것, 한국 국적을 취득할 것, 일을 해서 돈을 모아 체류자격을 유학비자로 변경할 것. 이는 현재 상황에서 이주여성들이 현실적으로 안전을 확보하는 방법들이기도 하다. 물론 토야 씨를 비롯한 이주여성들에게 실제로 그런 조언을 하지는 않는다. 그러나 한국의 다문화가족 정책이 '남성혈통 중심'의 방향으로 추진되고 있는 동안에는 폭력 피해를 입은 이주여성들이 한국에서 살아갈 별다른 방법이 없다.

현재 한국에서 추진되는 다문화가족 정책은 이주여성이 한국어와 문화를 배우고 한국에 잘 적응해 아내, 며느리, 엄마의 역할을 수행할 수 있도록 하는 데 특화되어 있다고 해도 과언이 아니다. 이런 구조 안에서 결혼이주여성들의 안전과 삶은 남편, 그리고 남편의 집안사람들에게 달려 있다고밖에 볼 수 없다. 10년 전에도, 5년 전에도 자신의 의지와 상관없이 더 이상 비자가 주어지지 않아 본국으로 돌아갈 수밖에 없는 결혼이주여성들이 존재했는데 지금도 달라진 게 없다.

암담한 현실에 놓이는 결혼이주여성들이 있다는 사실부터 더 많은 사람들이 알아야 한다. 이 책에 담긴 여성들의 이야기를 통해 부디 한국 사회가 보다 나은 방향으로 움직이길 바란다.

귀환이주여성과 아이들에 대한
한국 사회의 책임

| 김현미, 연세대학교 문화인류학과 교수 |

몽골, 필리핀, 태국과 마찬가지로 베트남 결혼이주여성의 본국 귀환이 급증하고 있다. 이 여성들과 아이들의 삶은 더 이상 개인적 차원에서 다룰 수 있는 문제를 넘어서고 있다. 지난 2018년 1월 25일 베트남의 껀터시에서는 한-베함께돌봄센터이 개관식이 열렸다. 결혼이주여성의 안전한 이주와 본국 귀환 후의 재통합을 지원해온 유엔인권정책센터가 설립한 민간지원기관이다. 이 센터는 한국으로 이주했다가 베트남으로 귀환한 여성들에게 법률 상담, 직업교육, 자녀 양육 등에 관한 사회적 돌봄을 제공한다. 또한 한국 국적을 가지고 베트남에서 외국인으로 살아가는 아이들의 체류도 지원한다. 소위 '한-베' 가족 아이들은 이곳에서 한국어를 배우거나 책을 읽기도 하고, 주말에는 베트남 할머니, 할아버지, 어머니와 함께 한국 음식을 만들어 먹

기도 하며 한국과의 끈을 이어가고 있다.

귀환한 이주여성과 아이들은 한국과 본국 모두에서 '잊혀진 존재'다. 여성 결혼이주자는 한국 사회의 저출산 위기 해결, 결혼 시장의 성비 불균형과 돌봄노동의 공백을 메우는 존재로 한국 정부의 동화와 통합의 대상이 되어왔다. 하지만 이들이 한국을 떠나는 순간 관심에서 멀어진다. 이들의 귀환은 지역사회에서 루머와 낙인의 대상이 되는 것은 물론, 종종 본국 가족에게도 환영받지 못한다. 무엇보다 이혼과 자녀 양육에 관한 법적 해결이 이뤄지지 않아 아이들이 외국인으로 간주되어, 교육과 의료 등 여러 복지제도의 대상에서도 배제된다.

귀환이주여성들은 저기 경계 밖의 존재가 아니다. 오히려 이들은 한국 사회의 경제 제일주의, 성불평등, 인종주의에 의해 지속되고 있는 '미완의 민주화' 상태를 환기하는 우리의 일부다. 이 책을 관통하며 제기된 피할 수 없는 질문은 '귀환한 여성과 아이들에 대한 한국 사회의 책임와 책무는 어디까지인가'이다. 우리는 이 질문에 어떻게 응답해야 하는가?

국민-외국인 배우자 관계를 불평등하게 만드는 신원보증제도

대부분의 귀환이주여성과 아이들은 '법적으로 모호한 상태'에 있다. 가장 큰 이유는 여성들이 독립적인 법적 주체로서 권리의 행사자가 될 수 없기 때문이다. 국민(한국인)이 외국인의 신원을 보증하는 '신원보증제도'의 존속과 여성을 '상품'으로 간주하는 국제결혼 중개시스템은 여성을 독립적인 인격체로 보지 않는다.

「출입국관리법」 제90조는 국민이 "사증발급, 사증발급인 정서발급, 입국허가, 조건부 입국허가, 각종 체류허가, 외국인의 보호 또는 출입국사범의 신병인도 등과 관련하여" 외국인의 신원을 보증할 수 있다는 규정을 두고 있다. 이 규정은 종종 국민과 외국인 배우자의 관계를 매우 불평등하고 불균형한 형태로 고정시킴으로써, 한국 국민에게 막강한 준사법적 권력을 부여해왔다. 그 권력은 대표적으로 외국인 여성이 한국에서 체류자격을 획득하고 국적을 취득하는 과정에서 '한국 국적의 배우자'가 행사하는 영향력으로 드러난다. 관계가 순탄하지 않을 때, 혹은 여성이 집을 나갔을 때 신원보증을 철회함으로써 이주여성을 미등록체류자로 전락시키는 것이 「출입국관리법」 제90조를 근거로 가능하다. 이처럼 국가가 자국민에게 위임한 권력은 혼인관계 내에서 이주여성이 종속적인 위치에 처하도록 만든다.

이혼 과정에서도 마찬가지다. 앞서 다뤘듯이 귀환 후 이혼서류를 받지 못해 법적으로 이혼하지 못하는 경우도 많고, 남편과 연락이 끊겨 자신의 이혼 여부마저도 알 길이 없는 경우가 많다. 이혼서류를 대신 발급받아 여성에게 전달하는 것조차 남편의 대단한 '의지'나 '배려'를 통해서다.

남편의 신원보증 '취소'로
공항에서 되돌아간 몽골 여성

2014년 몽골에서 만난 호르초크 씨는 한국에 입국해보지도 못한 상태에서 여전히 한국인과 혼인 상태로 있었다. 그녀는 교사생활을 하던 중 한국 남성과 맞선을 보고 결혼을 결정했다. 2011년 몽골과 한국에서 혼인신고를 했고, 2012년 4월 결혼생활을 위해 한국에 입국하려 했으나 공항에서 거부당했다. 남편의 신원보증 '취소' 때문이었다. 호르초크 씨는 공항에서 몽골로 되돌아갈 수밖에 없었고 남편은 그사이 연락처를 바꿔버렸다. 호르초크 씨가 한국에 가기 전 남편이 호르초크 씨를 만나러 몽골에 왔을 때 둘 사이에 말다툼이 있었던 게 이유였다. 다툼 이후 한국에 귀국한 남편이 신원보증을 철회한 것이다.

호르초크 씨는 이후 몽골젠더평등센터의 도움으로 법적 이혼이 되었음을 알았지만, 남편이 따로 이혼신고를 하지 않아 여전히 혼인 상태였다. 전화번호가 바뀐 이후로는 연락조차 닿지 않았기 때문에 당시 필자와 한국인 활동가는 한국민의 자격으로 그녀의 위임을 받아 이혼서류를 접수했다. 충격적인 일로 트라우마가 생긴 호르초크 씨는 수년간 우울증 등 후유증이 극심해 제대로 일하거나 생활하지 못했다. 이혼이 확정된 서류를 받아본 그녀는 "몇 년 만에 깊은 덫에서 풀려난 느낌"이라고 말했다.

이주여성을 권리의 담보자로

이처럼 이주여성이 행사할 수 있는 '법으로 명시된 권리'가 없는 상황은 이들의 출입국, 체류, 이혼 등 이주와 귀환의 전 과정에서 영향을 미치며 일방적으로 피해를 입게 하는 경우가 많다. 외국인과의 관계에서 한국 국민에게 주어지는 준사법적 권력은 귀환한 아이들에게도 영향을 미친다. 귀환한 한국 국적의 아이들이 비자 연장 등에서 부모의 적절한 도움을 받지 못해 미등록 상태가 되는 경우도 많다. 한국에 있는 아버지가 연락을 끊거나, 연락이 되더라도 관련 서류를 보내주지 않거나 비용을 부담하지 않는 식이다.

더욱 심각한 문제는 각국의 한국 영사관에서 귀환이주여성이 '외국인'이라는 이유로, 이들을 아이의 비자 연장 등에 필요한 법정대리인으로 인정하지 않는다는 것이다. 미성년 자녀는 부모 중 한 사람이 법정대리인이 될 수 있으며 이주여성이 한국에 체류할 경우에는 법정대리인으로서 아이의 여권을 발급할 수 있다. 그러나 귀환이주여성은 이러한 법적 자격을 가지지 못한다.

이 같은 외국인에 대한 불신과 신원보증제도는 국민과 비국민의 권력 격차를 강화할 뿐 아니라, 근거 없는 민족우월주의를 부추긴다. 귀환이주여성이 법적 자격을 가지고 권리의 행사자가 되는 것은 그 자신의 권리 보장은 물론 귀환이주아동의 삶에서도 필수적인 일이다. 이에 따라 한국 정부는 관련 법을 개정해야 한다.

귀환 이후의 삶을 사회가 함께
고민할 책임

어떤 귀환이주여성들은 결혼이주와 귀환을 두고 '누군가
의 아내로는 고생'을 했지만, 엄마로서는 잘한 결정'이라고 말한
다. 아이가 폭력적이고 무관심한 아버지 밑에서 자라는 것보다
어머니와 다른 가족의 사랑을 받으면서 성장하는 게 더 낫다는
의미일 것이다.

귀환이주아동을 만나본 연구자나 활동가들은 아이들이 한
국과 어머니 나라 모두에서 차별받지 않고 귀속감을 갖는 복합
적 정체성을 가진 사람으로 성장해야 한다고 믿는다. 하지만 이
런 바람과 달리 아이들은 여러 층위의 문제들에 당면한다. 필자
가 만나본 아이들은 가족의 보살핌을 받으며 성장하고 있었지
만 그럼에도 아빠에 대한 그리움, 버려졌다는 상실감, 사회적
편견과 경제적 빈곤, 외국 국적자로서 겪는 다양한 어려움 때문
에 불안정한 정서발달을 보이며 정체성 혼란을 겪기도 했다.(김
현미·정진성·서선영·이은혜·이수현, 〈베트남 거주(체류) 한-베 다문
화가정 자녀 실태조사〉, 재외동포재단, 2019)

귀환 이후 대부분의 여성들에게 아이 양육은 쉽지 않다. 체
류자격, 학교 입학, 의료보험 등의 문제는 비교적 명확하고 구
체적이라 관련 제도를 보완하는 등 해결을 위해 노력할 수 있지
만 이러한 문제 외에 눈에 보이지 않는 문제들, 즉 자신과 아이
의 심리적인 문제는 많은 귀환이주여성들이 그저 '묻어둔다'.
여성들은 한국에서 어떤 경험을 했는지 누구에게도 말해본 적

이 없고, 아이들은 '왜 한국 아빠는 연락을 하지 않는가'를 묻지 않는다.

또한 놀랍게도 많은 수의 아이들이 귀환 이후 어머니와 장기간 떨어져 살거나 간헐적으로만 만난다. 어머니가 돈을 벌기 위해 다른 도시로 떠나거나, 한국 혹은 제3국으로 다시 이주하기 때문이다. 이처럼 여성들이 자신의 '실패한' 이주를 만회하고 그 상처를 회복하기 위해 다시 떠나는 이주의 경로를 미국의 인류학자 니콜 컨스터블은 "보상과 회복의 이주 사이클the migratory cycle of atonement"이라 불렀다. (Nicole Constable, Born out of place: Migrant Mothers and the Politics of International Labor, Oakland: University of California Press, 2014) 많은 귀환이주여성들이 자신의 가치를 증명하고, 돈을 벌어 이전의 실패나 실망감을 보상하기를 바라면서 다시 집을 떠나기도 한다. 여성은 돈을 벌어 아이 양육비와 교육비를 대지만 아이의 그리움이 해소되기는 어렵다.

귀환이주여성이 다시 이주를 선택하는 것은 경제적 이유가 절대적이다. 베트남 남부 지역에 거주하는 귀환이주아동의 어머니와 주 양육자 100명을 대상으로 실시한 실태조사에서 91명의 응답자는 귀환 후 안정적인 생활을 위한 첫 번째 요건으로 "어머니의 경제적 능력 향상"을 꼽았다. (김현미 외, 〈베트남 거주 (체류) 한-베 다문화가정 자녀 실태조사〉) 양육의 부담, 관계의 상처, 경제적 결핍 등을 함께 해결하고자 애쓰고 지원하는 가족이나 공공기관 혹은 민간단체가 존재하지 않는다면 여성 혼자서는 귀환 이후의 삶을 감당하기 어렵다. 귀환이주여성이 귀환 이후 경제적 능력을 갖출 수 있도록, 엄마 나라에 온 아이가 그 사회에 무사히 적응할 수 있도록 정부와 민간단체 모두 지원책을 고민하는 노력을 해야 한다. 구체적으로 예를 들어본다면 한국에는 만 7세 미만의 한국 국적 아동에게 매월 10만 원을 지급하는「아동수당법」이 있다. 이 법의 적용 대상을 경제적으로 취약한 귀환이주아동에게도 적용하는 것과 같은 제도적 개선이 필요하다. 한국 정부를 비롯한 관련 기관의 지원은 귀환이주여성과 아이가 함께 무사히 '돌아가도록' 하는 데 그치지 않고 함께 '살 수 있도록' 하는 데까지 닿아야 한다.

함께 살 권리,
초국적 양육을 향하여

아버지의 부재 또는 심각한 책임 방기는 귀환이주여성과 아이가 겪고 있는 큰 어려움 중 하나다. 베트남의 한국계 자녀인 '라이따이한'과 필리핀의 한국계 자녀인 '코피노' 등 초국적으로 존재하는 한국계 아이들이 겪는 문제는 우리의 역사적 '상흔'이자, 현재에 존재하며 미래에 도래할 우리의 책임이다. 그런데 한국 정부는 귀환이주여성들과 동반해 함께 귀환한 자녀들의 숫자를 파악할 수 있는 통계조차 갖고 있지 않다. 마찬가지로 어머니와 떨어진 채 한국에서 아버지와 사는 아이들도 존재하지만 관련 통계는 없다.

한편, 이혼이나 별거 이후 귀환한 여성과 자녀에 대한 위자

료나 양육비 지원을 하지 않는 한국 남성이 대부분인 점을 고려할 때, 한국 정부는 양육비 미지급에 대한 이행을 촉구하는 것은 물론 이를 법적으로 의무화할 필요가 있다. 이미 한국 사회에서 국제결혼 가족은 중요한 가족 형태로 자리잡고 있다. 국제결혼의 당사자들은 결혼이 단순히 외국인 배우자를 만나 당장의 결핍을 해결하는 것이 아니라 초국적 친족 만들기와 양육이라는, 매우 도전적이고 윤리적인 감각을 요청하는 일이라는 것을 이해해야 한다. 두고 온 아이나 돌려보낸 아이에 대한 양육의 책임을 다하는 부모의 존재가 절실하다. 부부관계는 종료되었어도 부모로서의 책임은 지속된다. 부모 모두가 아이와 같은 국가나 영토에 살지 않더라도 주기적인 상호 방문과 연락, 양육비 지원을 통해 '초국적' 양육과 돌봄의 책임을 함께하는 주체가 되어야 할 것이다.

글로벌 여성인권을 향한
시민사회의 연대

현재 귀환이주여성들이 겪는 문제의 주된 원인인 한국 남편의 비협조와 국가 제도의 공백을 메우고 있는 것은 다름 아닌 각 국가에 존재하는 민간지원단체들이다. 한국이주여성인권센터와 유엔인권정책센터 등과 몽골젠더평등센터, 태국의 젠더평등과여성발전연구소, 필리핀의 가브리엘라, 베트남의 여성동맹 등 해외 여성단체와 기관들이 문제를 해결하기 위해 협력하고 있다. 귀환이주여성의 이혼과 양육 관련 민원을 수집하여 소송을 대리하거나 한-베함께돌봄센터처럼 현지에서 여성과 아이들의 실질적인 권익 향상을 도모하기 위해 힘쓴다. 이러한 민간단체들의 적극적인 개입과 연대는 이제까지 잊혀졌던 귀환이주여성과 아이들의 고통을 우리 사회가 함께 나누고 해결해가야 할 공통의 의제로 만들어내고 있다. 이는 송출국과 유입국의 시민으로서 윤리적 의무를 고민하고 수행한 결과이기도 하다.

국제결혼은 '하나의 시장이 된 세계'에서 국가 간 경제 격차의 심화, 여성에 대한 대상화와 결혼을 상품화하는 중개업체들의 전략에 의해 급증했다. 귀환이주여성과 그 아이는 이런 성 불평등적이며 반인권적인 구조에서 기인하는 고통을 겪고 있다. 결혼이주는 개인의 선택이기도 하지만, 그것을 둘러싼 전 과정은 분명 초국적인 연대와 법적 지원, 돌봄에 대한 새로운 상상력을 절실히 요청하고 있다. 무엇보다 법에 존재하는 남성 중심주의와 외국인 차별을 종식하기 위해서는 국가의 변화가 필요하다. 이는 결국 우리 모두의 문제다.

이주여성을 위한 민간 대사관,
한국이주여성인권센터

누구나 때로는 낯선 땅에서 이방인이 됩니다.
함께 사는 공동체 구성원의 권리를 기꺼이 인정하는 사회,
무시와 경멸 대신 이주민을 이웃으로 존중하는 사회,
피부색·민족·국적·성·문화의 차이를 차별로 만들지 않는 사회로
한 걸음씩 나아갈 수 있도록 한국이주여성인권센터가 함께합니다.

홈페이지: www.wmigrant.org
주소: (03112) 서울시 종로구 종로65길 27-1, 코콤빌딩 2층
이메일: wmigrant@wmigrant.org
전화: 02-3672-8988

활동 내용

1. 이주여성을 위한 상담과 지원

- 상담내용: 인권 침해, 성·가정폭력, 부부·가족갈등, 심리정서, 의료, 법률, 보호시설 연계 등
- 상담방법: 전화상담, 면접상담, 사이버상담, 현장 방문상담
- 상담언어: 베트남어, 몽골어, 영어, 중국어, 필리핀어, 태국어, 한국어, 기타 언어는 사전 예약할 경우 상담 가능
- 상담시간: 평일 오전 9시 ~ 오후 6시
- 상담전화: 서울이주여성상담센터 02-733-0120

2. 쉼터 운영

- 가정폭력, 성폭력, 성매매 등 폭력 피해 이주여성과 자녀 동반 입소 및 지원: 긴급보호시설 2곳 운영
- 숙식 제공
- 개인·자녀·가족 상담 및 지원
- 법률·의료 지원
- 치료·회복 지원

3. 이주여성을 위한 전문교육

- 이주여성을 위한 가정폭력전문상담원 교육
- 이주여성을 위한 성폭력전문상담원 교육
- 이주여성을 위한 인권지원단 교육

4. 자립 지원

- 한부모 이주여성과 자녀 자립 지원

5. 사건 지원 및 인권 캠페인

- 폭력 피해 이주여성 사건 지원
- 다양한 인권 캠페인 진행
- 이주여성과 함께하는 어울림 한마당

6. 정책 연구활동 및 자료 발간

- 이주여성의 인권 보호와 권익 신장을 위한 정책 연구·개발·제안
- 이주여성 인권과 관련한 다양한 자료 발간

아직 끝나지 않은 이야기

초판 1쇄 펴낸날   2021년 7월 12일
엮은이   한국이주여성인권센터
펴낸이   박재영
편집   이정신·임세현·한의영
디자인   조하늘
제작   제이오
펴낸곳   도서출판 오월의봄
주소   경기도 파주시 회동길 363-15 201호
등록   제406-2010-000111호
전화   070-7704-5240
팩스   0505-300-0518
이메일   maybook05@naver.com
트위터   @oohbom
블로그   blog.naver.com/maybook05
페이스북   facebook.com/maybook05
인스타그램   instagram.com/maybooks_05

ISBN   979-11-90422-74-1 03330

만든 사람들
책임편집   한의영
디자인   조하늘